우리는 아이들과 함께 예배하기로 했다

KB208480

다음세대를 세우는 세대통합예배

우리는
아이들과 함께
예배하기로 했다

데이비드 마이클 · 샐리 마이클 지음 | 서은선 옮김

CHILDREN AND
THE WORSHIP SERVICE

semi
세대로교육목회훈련원

Children and the Worship Service

by David and Sally Michael

Copyright © 2017 Next Generation Resources.
Originally published in English as *Children and the Worship Service* by Truth78,
Translated by permission of David and Sally Michael and Truth78.
All rights reserved.

This Korean translation copyright © 2020 by Sedaero Educational Ministry
Institute, Seoul, Republic of Korea.

이 한국어판의 저작권은 Truth78과 독점 계약한 세대로교육목회훈련원에 있습니다.
신저작권법에 의해 한국 내에서 보호를 받는 저작물이므로 무단전재와 무단복제를
금합니다.

사람들이 예수께서 만져 주심을 바라고
어린아이들을 데리고 오매 제자들이 꾸짖거늘
예수께서 보시고 노하시어 이르시되
어린아이들이 내게 오는 것을 용납하고 금하지 말라
하나님의 나라가 이런 자의 것이니라
내가 진실로 너희에게 이르노니
누구든지 하나님의 나라를 어린아이와 같이 받들지 않는 자는
결단코 그곳에 들어가지 못하리라 하시고
그 어린아이들을 안고 그들 위에 안수하시고 축복하시니라.
마가복음 10:13-16

| 차 례 |

1부   다음세대와 함께하는 예배

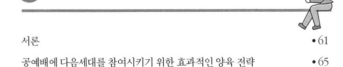

2부   다음세대와 함께 공예배를 드리기 위한 전략

3부 리더를 위한 제안

 부록

**CHILDREN AND
THE WORSHIP SERVICE**

하나님 나라의 백성으로서 우리가 잊지 않아야 할 사실은
삶은 경주가 아니라 계주라는 것이다. 우리는 영광스런 믿
음의 바통을 다음세대에 넘겨주고 트랙을 떠나야 한다. 믿
음의 바통이 다음세대에 전달되지 않는다면, 우리는 또 다
른 선교지를 이 땅에 만들어 내는 조상이 되고 말 것이다.

서구 교회를 황폐하게 만든 슬픈 현실이 우리에게도 성
큼 다가왔다. 우리의 다음세대가 몸과 마음으로 하나님을
등졌다. 한국 교회의 절반에서 주일학교가 없어지고 있다.
이러한 현상은 단지 교회의 문제만은 아니다. 바른 기준선
을 잃은 세대가 세우는 내일은 어둡고 혼란스러울 수밖에
없다. 기독교 가문의 뿌리에서 나왔지만, 믿음을 물려받지
못한 김일성과 그 후대가 만들어 가는 사회를 생각해 보라.

믿음의 선진들이 순교의 피로 세우고 지켜 온 한국 교회가 왜 이런 위기를 맞게 되었을까? 여러 이유가 있겠지만, 나는 교회 안의 세대 분리가 가장 큰 이유라고 믿는다. 지난 부흥기에 교회는 성경 신학적, 교육적 비판과 성찰 없이 서구 선교사들이 소개한 주일학교라는 틀에 아이들을 넣어 키웠다. 그래서 아이들은 공동체의 성도라기보다는 교회 부속기관의 학생으로 교회를 다닌다. 아이들은 분리된 공간과 시간에 그들의 눈높이에 맞는(?) 예배를 드린다.

물론 주일학교가 한국 교회의 부흥과 성장에 기여한 부분은 조금도 의심할 여지가 없다. 그러나 전혀 의도하지 않은 부작용이 함께 자란 것을 우리는 너무 늦게 알아차렸다. 아이들이 대학에 가면서 교회를 떠나는 가장 심각한 원인은 세상의 유혹이나 압력 때문이라기보다는 아이들이 교회 부속기관의 학생으로 자랐을 뿐, 지역교회의 주역으로 인식되거나 양육되지 못했기 때문이다. 그렇게 만든 가장 명백한 실수는 우리가 아이들을 공동체 예배에서 분리한 것이다.

성경은 하나의 교회만을 가르친다. 교회는 세대에서 세대로 이어지는 언약 공동체다. 교회의 중요한 기능 중 하나는 다음세대에게 믿음을 물려주는 것이다. 가장 확실하고 효과적인 통로는 세대통합예배다. 구약이든 신약이든 성경이 말하는 예배의 패턴은 모든 세대를 아우르는 예배다.

모든 세대가 함께 드리는 공동체 예배야말로 가장 효과적이고 복합적인 기독교 교육 현장이다. 사서삼경을 한 권도 읽지 않았고, 제사 행위가 무슨 의미인지 다 이해하지 못하지만 어려서부터 집안의 제사에 참여함으로 한 사람이 유교인이 되는 것을 생각해 보라. 콩은 깍지가 먼저 생기고 그다음에 콩알이 차는 것처럼, 신앙의 내용이 채워지려면 신앙의 형식이 잘 갖춰져야 한다. 신앙의 바른 형식이 구비되는 가장 효과적인 길은 공동체 예배 안에서 함께 예배하는 것이다.

이 책은 우리가 왜 다음세대를 공동체 예배에서 키워야 하는지를 성서 신학적으로 설명한다. 이 작은 책이 세대통합예배를 이 땅에 뿌리내리게 하는 하나님의 도구로 쓰임받길 간절히 바란다. 세대통합예배 안에서 다음세대가 하나님을 사랑하고 예수님의 교회를 사랑하는 이들로 자라게 해주실 하나님의 은혜를 간구한다.

2020년 3월
양승헌
파이디온선교회 설립자 및 전 대표,
합동신학대학원 전 교수, 세대로교회 담임목사

이 책은 거창한 이론서가 아니다. 물론 학적인 체계를 세워
주는 책도 아니다. 오히려 다음세대가 교회를 떠나는 것을
고민하는 목회자들이나 평신도 지도자들이 편하게 읽기
좋은 책이다. 그 고민에 대한 성경적인 답과 방법을 제시하
고, 교회 공동체에 어떻게 적용해야 할지 구체적으로 설명
한다.

저자들은 원래 교회 공동체 모임이 세대 간에 나누어 모
이지 않았다는 것을 성경적 근거와 교회사적 증거를 들어
단순명쾌하게 설명한다. 미국 교회 공동체에서 어떻게 아
이들이 분리되었는지를 철학적으로 탐색하고, 그 결과가
교회 공동체에 어떤 영향을 미쳤는지 명확하게 보여 준다.

저자들은 다음세대가 교회를 떠나는 문제를 해결하는

방법을 이렇게 제안한다. 다시 공예배(주일 낮예배 또는 주일 대예배)에 다음세대를 참석시켜 부모의 모본과 돌봄 아래 온 가족이 함께 예배해야 한다고 말이다. 다음세대를 그리스도의 몸 된 교회의 한 구성원과 책임감 있는 성도로 세우려면, 어릴 때부터 교회 공동체 예배 안에서 자라게 해야 한다고 역설한다. 또한 다음세대와 함께하는 예배 공동체를 만들기 위해 비전 공유, 교회 리더의 준비, 부모의 준비가 어떠해야 하는지를 구체적으로 설명한다.

따라서 이 책은 다음세대에게 바른 신앙을 전수하고 하나님을 경외하는 예배자로 세우기 위해 고민하는 목회자, 평신도 지도자, 교회교육 관계자, 부모에게 도움이 될 것이다.

옮긴이 서은선

1부

다음세대와
함께하는 예배

"자녀들의 수준에 맞춰 그들에게 다가가려는 의도적이고 선한 노력 안에서 우리는 자신도 모르게 아이들이 그리스도께 오는 것을 방해하지 않았는가?"

서론

一

마가복음 10:13-15

[13]사람들이 예수께서 만져 주심을 바라고 어린아이들을 데리고 오매 제자들이 꾸짖거늘 [14]예수께서 보시고 노하시어 이르시되 어린아이들이 내게 오는 것을 용납하고 금하지 말라 하나님의 나라가 이런 자의 것이니라 [15]내가 진실로 너희에게 이르노니 누구든지 하나님의 나라를 어린아이와 같이 받들지 않는 자는 결단코 그곳에 들어가지 못하리라 하시고.

예수님은 여전히 그분의 두 팔을 벌려 아이들이 오도록 초청하신다. 이 일은 그분의 '신부' 된 성도들이 그분을 예배하기 위해 함께 모일 때 일어난다.

나와 아내는 교회에서 '자랐고' 그로부터 50여 년이 지났다. 그 시절은 대부분의 부모들이나 자녀들 모두가 함께 교회 예배에 참석해야 한다고 이해했던 것 같다. 우리 중 어느 누구도 아이들만을 위한 예배나 혹은 아이들이 그 예배에 참여하도록 돕기 위한 전략을 생각하지 않았다. 가족들이 그냥 함께 예배에 참석했다.

오늘날 많은 교회에서, 특히 대형교회에서는 아이들과 함께 공예배를 드리는 것은 기존의 교회 문화에 위배된다고 느낀다. 어쩌다 '어른' 예배에 아이들을 포함시키는 것이 혁명적이라고 느끼는 상황까지 이르렀을까? 2014년 8월 5일, 팀 라이트Tim Wright는 자신의 블로그에 "교회 밖에 있는 주일학교 아이들"Sunday Schooling Our Kids Out of Church 이라는 제목의 글을 올렸다. 그의 글이 이 질문에 부분적인 답을 하고 있다.

40여 년 전, 타당한 이유들이 있었지만…의도하지 않은 한 가지 문제를 만들어 내는 결과를 초래한 엄청난 변화가 미국 전반에 걸쳐 많은 기독교 회중에게 일어났다.… 1960년대와 1970년대, 베이비부머Baby Boomers 세대인 우리는 부모님이 세우거나 옹호했던 모든 기성 체제와 기관에게 했던 것처럼 '기성 교회'에도 반기를 들었다. 우리는 교회에 가지 않는 것으로 반항했다. 우리 세대 가운데 3분의 2가 교회를 떠났다.

1970년대 말과 1980년대 초, 교회의 크기와 상관없이 모든 교단의 교회에서 혁신적인 목회자들과 회중은 교회를 떠난 베이비부머들을 되돌아오게 하려는 방법을 찾았다. 그들은 베이비부머 세대의 독특한 성향에 맞는 예배 경험을 고안했다. 이 교회들은 '현대적', '구도자', '구도자 친화적' 예배로 흘러가기 시작했다. 이 시기에 부머들 Boomers은 자녀 양육에 집중하고 있었다. 교회는 자녀들이 교회에 오기를 원한다면, 부모들이 좀 더 쉽게 교회로 돌아올 거라고 믿었다. 그래서 교회는 부머 친화적인 예배 경험을 제공해야 한다고 느꼈다. 뿐만 아니라 그들의 자녀들을 위해서도 역동적인 교회 활동을 경험하게 해주어야 한다는 것을 인식했다.

그래서 교회 안에 모든 연령의 사람들이 한 시간은 주일학교에 참여하고 한 시간은 자녀들과 함께 예배하는 형태에서, 부모가 예배할 때 동시에 운영되는 주일학교를 만드는 형태로 변화가 일어나기 시작했다. 다른 말로 하면, 자녀들과 부모가 서로 분리되어 다른 주일 경험을 가지게 되었다.

다시 말하지만, 그들의 이유는 정당했다. 그리고 우리

도 그렇게 생각했다. 부머들을 위한 새로운 예배 형식은 그들을 전도하고, 교회를 떠난 그들을 되돌아오게 하려는 시도였다. 우리는 꼼지락거리고 징징거리거나 비명을 지르는 자녀들이 그들의 초점을 방해하지 않기를 원했다. 교회 리더들은 부머 세대인 부모들이 자녀들로부터 한 시간 정도 해방되어 아무런 방해도 받지 않고 자신의 영적 생활에 집중하기를 원한다고 느꼈다. 그리고 그렇게 하는 것이 타당하다고 여기며 부머 세대에 초점을 맞춘 예배에는 아이들과 관련된 것이 있어서는 안 된다고 추측했다. 그래서 부모가 예배하는 동안 자녀의 발달 수준에 맞는 언어로 아이들을 참여시키는 역동적인 주일학교 프로그램을 만들었다. 사실, 몇몇 교회들은 아이들이 어른 예배에 오는 것을 전혀 허락하지 않았고, 또한 허락하지 않고 있다.

그 결과: 이런 혁신적인 생각을 가진 많은 교회들은 예배 형식의 선택권을 박탈당한 부머들과 그 자녀들의 삶에 긍정적이고 엄청난 영향을 끼쳤다. 많은 교회들은 그들의 회중과 자녀들을 위한 사역이 기하급수적으로 자란다고 보았다. 부머들을 되찾기 위한 전도에 대한 명령이 성취되는 듯했다. 그러나 우리가 의도하지 않은 엄청난 결과가 기다리고 있었다. 우리는 미국 역사상 교회에 가지 않

는 사람들이 가장 많은 세대를 길러 냈다.[1]

　라이트의 마지막 문장은 아주 놀랍고 우리의 정신이 번쩍 들게 한다. 교회에 출석하는 젊은이들의 숫자가 줄어드는 것에 공헌한 다른 이유들도 있다. 하지만 부모가 예배 드리는 시간 동안 동시에 운영된 자녀들을 위한 대체 프로그램이 많아진 것과 젊은이들이 교회 다니는 것을 그만두는 전례 없는 숫자 사이에 큰 연관성이 있는 것으로 보인다. 자녀들의 수준에 맞춰 그들에게 다가가려는 의도적이고 선한 노력 안에서 우리는 자신도 모르게 아이들이 그리스도께 오는 것을 방해하지 않았는가?

교회 공동체 모임에서
다음세대에 대한 성경적 기준

우리가 공동체 예배에서 아이들과 그들의 참석에 의문이 생길 때는 성경이 이 질문에 어떻게 답하는지 살펴보고, 교회 역사에서 그것을 어떻게 다루었는지를 아는 것이 유익하다.

　이 주제에 대해 구체적인 성경 지침이 거의 없는 것은 놀랄 일이 아니다. 아마도 전혀 문제가 되는 일이 아니라서 그럴 것이다. 하나님의 사람들이 모일 때마다 아이들이 함께하는 것은 당연한 일로 여겨졌다. 윌리엄 스트레인지 박사Dr. William Strange는 이 부분에 대해 연구한 자신의 저서 『초대교회 아이들』Children in the Early Church에서 이렇게 말한다.

…교회에서 아이들의 자리에 대한 질문을 받을 때, 초대 교회 성도에게는 문제가 되지 않았던 것으로 보인다. 전혀 문제가 되지 않는 것에 질문을 제기했기 때문에 우리가 원하는 답을 찾지 못할 것이다.…이것은 우리가 초대 교회에서 아이들에 대한 어떤 것도 알 수 없다고 말하는 것이 아니다. 우리는 추론과 가볍게 언급한 내용을 통해서 우리가 알려는 것을 찾으려고 한다.[2]

우리가 "추론과 가볍게 언급한 내용"에서 얻을 수 있는 결론은 구약에서 이스라엘이 모였을 때나 신약에서 교회가 모였을 때 아이들이 참석했다는 것이다.

구약에 나오는 아이들과 예배

우리는 구약에서 아이들이 공동체 모임에 참석하고 있음을 보여 주는 여러 본문을 찾아볼 수 있다.

• 초막절

신명기 31:10-13

[10]모세가 그들에게 명령하여 이르기를 매 칠 년 끝 해 곧 면제년의 초막절에 [11]온 이스라엘이 네 하나님 여호와 앞 그

가 택하신 곳에 모일 때에 이 율법을 낭독하여 온 이스라엘에게 듣게 할지니 [12]곧 백성의 남녀와 어린이와 네 성읍 안에 거류하는 타국인을 모으고 그들에게 듣고 배우고 네 하나님 여호와를 경외하며 이 율법의 모든 말씀을 지켜 행하게 하고 [13]또 너희가 요단을 건너가서 차지할 땅에 거주할 동안에 <u>이 말씀을 알지 못하는 그들의 자녀에게 듣고 네 하나님 여호와 경외하기를 배우게 할지니라.</u>

• 아이 성 함락에 실패한 후 여호수아가 율법책을 낭독함

여호수아 8:34-35

[34]그 후에 여호수아가 율법책에 기록된 모든 것대로 축복과 저주하는 율법의 모든 말씀을 낭독하였으니 [35]모세가 명령한 것은 여호수아가 이스라엘 온 회중과 여자들과 <u>아이와</u> 그들 중에 동행하는 거류민들 앞에서 낭독하지 아니한 말이 하나도 없었더라.

• 여호사밧 왕이 금식기도를 요청함

역대하 20:1-4

[1]그 후에 모압 자손과 암몬 자손들이 마온 사람들과 함께

와서 여호사밧을 치고자 한지라 ²어떤 사람이 와서 여호사밧에게 전하여 이르되 큰 무리가 바다 저쪽 아람에서 왕을 치러 오는데 이제 하사손다말 곧 엔게디에 있나이다 하니 ³여호사밧이 두려워하여 여호와께로 낯을 향하여 간구하고 온 유다 백성에게 금식하라 공포하매 ⁴유다 사람이 여호와께 도우심을 구하려 하여 유다 모든 성읍에서 모여 와서 여호와께 간구하더라.

이스라엘을 치려고 적들이 연합하여 올라온 두려운 상황에서 여호사밧 왕은 다음과 같이 기도했다.

역대하 20:11-12
¹¹이제 그들이 우리에게 갚는 것을 보옵소서 그들이 와서 주께서 우리에게 주신 주의 기업에서 우리를 쫓아내고자 하나이다 ¹²우리 하나님이여 그들을 징벌하지 아니하시나이까 우리를 치러 오는 이 큰 무리를 우리가 대적할 능력이 없고 어떻게 할 줄도 알지 못하옵고 오직 주만 바라보나이다 하고.

이스라엘 백성이 이 기도회를 하는 동안 아이들은 무엇을 하고 있었을까?

역대하 20:13

유다 모든 사람들이 그들의 아내와 **자녀와 어린이와** 더불어 여호와 앞에 섰더라.

다음세대는 제사장 야하시엘이 일어나서 이렇게 말하는 것을 지켜보았다.

역대하 20:15, 17-18

[15]…온 유다와 예루살렘 주민과 여호사밧 왕이여 들을지어다 여호와께서 이같이 너희에게 말씀하시기를 너희는 이 큰 무리로 말미암아 두려워하거나 놀라지 말라 이 전쟁은 너희에게 속한 것이 아니요 하나님께 속한 것이니라… [17]이 전쟁에는 너희가 싸울 것이 없나니 대열을 이루고 서서 너희와 함께한 여호와가 구원하는 것을 보라 유다와 예루살렘아 너희는 두려워하지 말며 놀라지 말고 내일 그들을 맞서 나가라 여호와가 너희와 함께하리라 하셨느니라 하매 [18]여호사밧이 몸을 굽혀 얼굴을 땅에 대니 **온 유다와 예루살렘 주민들도** [우리는 그들의 아내와 자녀와 어린이가 함께했음을 추측할 수 있다.] 여호와 앞에 엎드려 여호와께 경배하고.

- 에스라가 바벨론 포로생활에서 돌아온 이들의 불신앙을 보고 애통함

에스라 10:1

에스라가 하나님의 성전 앞에 엎드려 울며 기도하여 죄를 자복할 때에 많은 백성이 크게 통곡하매 이스라엘 중에서 백성의 <u>남녀와 어린아이의 큰 무리가</u> 그 앞에 모인지라.

- 느헤미야가 수문 앞 광장에 백성을 모음

성벽이 완성되었다. 이스라엘 백성은 초막절을 지키고 공동체 예배를 드리기 위해 함께 모였다.

느헤미야 8:1-3, 5-6

[1]이스라엘 자손이 자기들의 성읍에 거주하였더니 일곱째 달에 이르러 모든 백성이 일제히 수문 앞 광장에 모여 학사 에스라에게 여호와께서 이스라엘에게 명령하신 모세의 율법책을 가져오기를 청하매 [2]일곱째 달 초하루에 제사장 에스라가 율법책을 가지고 회중 앞 곧 <u>남자나 여자나 알아들을 만한 모든 사람</u> 앞에 이르러 [3]수문 앞 광장에서 <u>새벽부터 정오까지</u> [약 6시간] 남자나 여자나 알아들을 만한 모든 사람 앞에서 읽으매 뭇 백성이 그 율법책에 귀를 기울였

는데… [5]에스라가 모든 백성 위에 서서 **그들 목전에 책을 펴니 책을 펼 때에 모든 백성이 일어서니라** [6]에스라가 위대하신 하나님 여호와를 송축하매 모든 백성이 손을 들고 아멘 아멘 하고 응답하고 몸을 굽혀 얼굴을 땅에 대고 여호와께 경배하니라(저자 강조).

대부분의 사람들은 "알아들을 만한 모든 사람"이라는 말을 아이들이 거기에 없었다는 근거로 사용한다. "알아들을 만한" 사람들 중에 아이들이 있을 수 없기 때문이라고 주장한다. 그러나 신명기 31장에 나오는 초막절에 관한 모세의 명확한 명령에 비추어 보면, 다음세대가 함께했을 것이라고 여겨진다.

매튜 헨리Matthew Henry는 느헤미야 8장 1절을 주해하면서 아버지들에게 주는 목회적 이야기를 이렇게 덧붙였다.

집안의 가장은 가족을 공동체 예배에 데려와야 한다. 여성과 아이는 구원받아야 할 영혼이다. 그러므로 여성과 아이는 은혜와 지식의 방편이 되는 예배에 참석하여 스스로 하나님의 말씀을 이해해야 한다. 아이들이 사리 분별을 훈련하는 시기에는 성경적 기준으로 선택하고 분별하는 훈련을 해야 한다.[3]

무리들이 예수님 주변에 모였을 때와 초대 교회가 모였을 때 아이들은 분명히 거기에 있었다.

• 5천 명을 먹이심

예수님은 한적한 곳으로 가려고 배를 타고 떠나셨다. 그러나 무리는 그런 상황을 알았고, 예수님이 거기에 도착했을 때 큰 무리가 모여 있었다. 거기서 예수님은 병자들을 고치셨을 뿐 아니라 그들을 가르치셨을 것이다. 분명히 하루의 대부분을 이 일들을 하느라 소모했고(마 14:15, "저녁이 되매…") 사람들은 배가 고팠다. 그래서 예수님은 아이들이 포함된 무리를 먹이기 위해 떡과 물고기가 많아지는 기적을 베푸셨다.

마태복음 14:21

먹은 사람은 여자와 어린이 외에 오천 명이나 되었더라.

• 하늘에서 가장 큰 자에 대해 가르치심

마태복음 18:1-4

¹그때에 제자들이 예수께 나아와 이르되 천국에서는 누가

크니이까 [2]예수께서 한 어린아이를 불러 그들 가운데 세우시고 [3]이르시되 진실로 너희에게 이르노니 너희가 돌이켜 어린아이들과 같이 되지 아니하면 결단코 천국에 들어가지 못하리라 [4]그러므로 누구든지 이 어린아이와 같이 자기를 낮추는 사람이 천국에서 큰 자니라(저자 강조).

• 예수께서 아이들을 환영하심

마태복음 19:13-15

[13]그때에 사람들이 예수께서 안수하고 기도해 주심을 바라고 어린아이들을 데리고 오매 제자들이 꾸짖거늘 [14]예수께서 이르시되 어린아이들을 용납하고 내게 오는 것을 금하지 말라 천국이 이런 사람의 것이니라 하시고 [15]그들에게 안수하시고 거기를 떠나시니라.

• 서신서들

예배 모임에서 아이들에 대한 구체적인 지시 내용이 없는 것을 볼 때 초대교회에서 이것이 문제되지 않았음을 알 수 있다. 우리는 바울이 모든 성도가 모였을 때 자신이 보낸 서신서를 읽기 원했다는 것을 안다. 에베소서 6장 1-3절과 골로새서 3장 20절은 바울이 아이들에게 직접적으로 하는 명령이다. 바울은 자신이 가르치는 말씀을 듣기 위해 그 자리에 아이들이 함께했다고 믿었던 것이 틀림없다.

에베소서 6:1-3

[1]자녀들아 주 안에서 너희 부모에게 순종하라 이것이 옳으니라 [2]네 아버지와 어머니를 공경하라 이것은 약속이 있는 첫 계명이니 [3]이로써 네가 잘되고 땅에서 장수하리라.

골로새서 3:20

자녀들아 모든 일에 부모에게 순종하라 이는 주 안에서 기쁘게 하는 것이니라.

우리는 공예배에 아이들이 참석하는 것은 명백한 성경적 기준일 뿐 아니라 아이들을 연령에 따른 그룹으로 분리해야 한다는 것을 시사하는 어떤 성경적 전례도 없다는 결론에 이르렀다.

교회 공동체 모임에서
다음세대에 대한 역사적 기준

―

교회의 공적 모임에 아이들이 포함된 것은 신약시대를 넘어서 계속된다. 그리고 이 기준은 교회 역사에서 그 후로 1600년 동안 지속된 것으로 보인다.

스캇 브라운Scott Brown은 "연령 통합 예배는 역사적 기준인가?"라는 글에서 이렇게 말한다.

…역사를 통해서 그것의 예외적인 것들과 다른 표현들이 있어 왔지만, 연령(세대) 통합은 교회의 기준이 되어 왔다.[4]

브라운은 "연령 통합 예배는 역사적 기준이다"라는 자신의 관점을 보강하기 위해 역사적으로 유명한 세 사람의 글을 인용한다.

마르틴 루터(Martin Luther, 1483-1546)
루터는 자신의 저서 『마르틴 루터의 탁상 담화』*The Table Talk of Martin Luther*에서 다음과 같이 서술한다.

설교할 때, 나는 설교의 수준을 아주 많이 낮춘다. 나는 이 교회 안에 있는 40여 명이 넘는 박사들이나 의사들이나 치안 판사들을 생각하지 않는다. 나의 눈길은 2천 명보다 더 많은 젊은이들, 어린이들, 종들에게 간다. 그들에게는 필요가 있기 때문이다. 그런 이유로, 나는 그들에게 집중하여 그들에게 맞게 설교한다. 나머지 사람들이 나의 설교를 듣지 않겠다고 한다면, 문은 그들을 향해 열려 있다. 그들이 원한다면 떠나도 괜찮다.[5]

존 번연(John Bunyan, 1628-1688)
번연은 자신의 저서 『가족의 의무: 가족에 대한 아버지의 의무』*Family Duty: A Father's Duty to His Family*에서 공예배에 자녀들이 함께하는 것의 중요성에 대해 말한다.

하나님께서 자녀들의 영혼을 회심시킬 수 있다면, 당신은 하나님을 예배하는 공예배에 자녀들을 데려와야 한다. 야곱은 자기와 함께한 모든 사람과 자기 집안 사람들에게 말했다. "우리가 일어나 벧엘로 올라가자 내 환난 날에 내게 응답하시며 내가 가는 길에서 나와 함께하신 하나님께 내가 거기서 제단을 쌓으려 하노라"(창 35:3). 한나는 사무엘이 하나님 앞에서 영원히 함께 지내도록 실로로 데려갔다(삼상 1:22).…

만일 자녀들이 고집을 부리고 당신과 함께 가지 않겠다고 한다면, 고넬료처럼 당신의 가족과 친구들이 함께 모여 있을 때 건전한 교리를 가진 경건한 목회자를 집으로 데려와서 하나님의 말씀을 설교하도록 해야 한다(행 10장).[6]

매튜 헨리(Matthew Henry, 1662-1714)
헨리는 사무엘상 1장 19-28절을 주해하면서 이렇게 썼다.

어린아이들도 하나님을 예배하는 것을 배워야 한다. 부모는 자녀들에게 예배를 가르쳐야 하고 그들을 예배에 데려와야 한다. 뿐만 아니라 부모는 할 수 있는 대로 자녀들이 예배에 참여하도록 해야 한다. 은혜로우신 하나님께서 자녀들을 받아 주시고 그들이 더 나아지도록 가르치실 것이다.[7]

헨리는 성전에서 가르치는 소년 예수에 관한 구절인 누가복음 2장 41-52절에서도 같은 내용을 설명한다. 그는 예배에 아이들을 포함시켜야 한다는 것을 다시 한 번 어른들에게 권고한다. "아이들이 공예배에 참석하는 것은 그리스도를 존귀하게 하는 것이다. 아이들이 그리스도를 찬양하는 소리를 그분이 기뻐하신다."[8]

철학적 전환

一

공예배에 아이들이 참석하는 것에 대한 교회의 생각을 바꾼 네 가지 중요한 영향이 있다.

1. 주일학교 운동

주일학교 운동이 의도한 것은 아니었지만 영적 발달의 책임에 대한 무게 중심을 가정에서 교회로 옮겨 놓았다. 이것은 기독교 교육과 공교육의 철학이 혼합된 결과였다.

로버트 레이크스(Robert Raikes, 1736-1811)는 주일학교 운동의 창시자로 알려져 있다. 그의 소망은 하루에 열두 시간 또는 그 이상의 시간을 제조 공장이나 싼 임금으로 장시간 노동을 시키는 공장에서 일하는 영국 아이들에게 집중적으로 읽고 쓰는 능력을 길러 주고 도덕 교육을 하는 것이었다. 그 아이들이 거리에서 자유롭게 뛰노는 때는 그들이 유일하게 쉴 수 있는 주일뿐이었다.

1780년, 레이크스는 런던의 빈민굴들 중 하나에 첫 번째 주일학교를 세웠다. 아이들을 담당하는 교사들의 네트워크를 통해 아이들에게 기본적인 교육을 받게 하는 것이 목적이었다. 이 운동은 영국 전반에 걸쳐서, 특별히 침례교회, 회중교회, 감리교회 사이에서 순식간에 퍼져 나갔다. 1831년에는 대영제국의 주일학교들이 125만 명의 아이들을 매주마다 가르쳤다. 그들은 인구의 약 25퍼센트였다.

1790년, 미국의 첫 번째 주일학교가 필라델피아의 가난한 지역에서 문을 열었다. "First Day Society"라고 불리는 이 주일학교는 읽기와 쓰기, 도덕의식 형성을 가르치는 데 초점을 두었다.

주일학교 운동이 시작된 지 수십 년이 지났지만, 교회에서 활동적인 그리스도인 부모의 자녀들에게는 주일학교에 참여하는 것이 알려지지 않았거나 부적절하다고 여겨진 듯하다. 그러나 미국과 영국의 산업화는 이것을 바꾸어 놓았다. 아버지들은 도시에서 더 높은 임금과 더 많은 기회를 얻기 위해 가정환경을 벗어나 밖에서 일하기 시작했다.[9] 이것은 아버지들이 자녀들과 함께할 시간을 줄어들게 했고, 결과적으로 자녀들을 제자화하는 일에 관여하는 것도 어렵게 했다. 가정에서 자녀들을 영적으로 교훈하는 기회가 줄어들자 거리에 있던 주일학교가 교회 안으로 들어왔다. 교회는 다음세대의 신앙 교육을 위한 모델로 주일학교를 차용했다.

2. 연령 구분에 따른 변화

존 D. 필브릭(John D. Philbrick, 1818-1886)은 미국의 탁월한 교육가이자 교육학 잡지에 자주 등장하는 기고가였다. 과밀학급과 무질서한 교실에 직면한 그의 해결 방법은 연령에 따라 학생들을 묶어서 그룹을 만들어 교실 구조를 재편성하는 것이었다. 담임교사가 있고 공간을 분리하여 필요한 모든 것을 갖춘 교실에 각 연령별 그룹을 두자 과밀학급의 문제는 학교들이 세운 규칙과 훈육으로 해결되었다. 결국 그는 보스턴에 퀸시학교The Quincy School를 공동 설립했다. 퀸시학교는 열두 개의 교실을 갖춘 미국의 첫 번째 학교 건물이 되었다. 이것이 미국의 교육을 위한 기준이 되었다. 주일학교 운동과 함께 이것이 기독교 교육에 가져온 영향에 대해서는 말할 수 있는 것이 많다. 그러나 이 두 영향의 안타까운 부산물은 교회가 기독교 교육철학, 교육과정 개발 및 건축물에 이르기까지 이 새로운 기준을 적용했다는 것이다.

1940년대에 연령을 따라 나누는 방식이 교회 생활의 주된 흐름으로 완전히 통합되었고, 공예배에 아이들이 참석하는 것에 대한 인식에 영향을 끼쳤다. 아이들이 어른 예배에 들어와 함께 예배하기를 기대하는 것이 비상식적이라고 느끼기 시작했다. 게다가 아이들의 교회가 교회의 한 기관으로써 주일학교와 병행하여 나타났다.

3. 중요한 발달 시기로서 청소년기의 자리 매김

G. 스탠리 홀(G. Stanley Hall, 1844-1924)은 어린이 발달과 진화론에 초점을 맞추는 심리학자이자 교육가였다. 그는 "청소년기"라는 용어를 대중화했고, 이 발달 단계를 다음 세 가지와 연결시켰다.

- 부모와 갈등
- 기분의 불안정성
- 위험한 행동[10]

시간이 흐르면서, 이런 특성은 "십대 문화"로 떠오르고 어린이 시기와 어른 시기 사이에 고정된 삶의 시기로 사춘기를 인식하도록 만들었다.

1950년대에는 십대의 복음화를 강조하는 것이 증가했다. YFCYouth for Christ, 어린이전도협회Child Evangelism, Pioneer Girls, Christian Service Brigade, Young Life, 어와나AWANA, 왕의 대사들Royal Ambassadors 같은 수많은 청소년 선교단체와 클럽이 세워졌다.

교회가 청소년 사역에 관심을 가지고 집중하면서 이 사역을 발전시키고 유지시킬 전임 사역자를 세우는 일이 많은 교회의 통념이 되었다. 청소년을 끌어들이고 붙잡아 둘 수 있다면 무엇이든 하겠다는 것에 우선순위를 두었다. 교회의 청소년 사역 팀은 청소년들을 청소년 모임에 참여시키는 것에 집중했다. 특히 대형 교회의 청소년들은 교회에서 분리되어 비슷한 연령대의 또래 모임에 갇혀 버렸다.

교회와 더불어 부모는 다음세대에게 "하나님의 완전한 권고"를 알려 주어야 하는 책임감에 대한 시각을 잃어버렸다. 교리 교육과 영적 발달은 기본적인 "복음 메시지"의 수준을 넘어가지 못했다. 결과적으로 대부분의 베이비부머들은 교회를 포함한 모든 제도적이고 사회적 규범에 반항하고 도전했던 1960년대의 문화적 혁명을 해석할 성경적 세계관과 성경적 기초 없이 성장했다.

베이비부머들이 자라서 청소년 시기를 벗어나 삶의 다음 시기로 들어서자 그들은 지역교회에 연결되어 있어야

할 이유가 거의 없어졌다. 교회의 회중은 늙어 갔고 교회
출석률은 급격하게 감소했다.

4. "교회에 가지 않는 해리"의 추구

1980년대, 베이비부머들을 교회로 돌아오게 하는 운동이
교회에서 일어나기 시작했다. 평균적으로 베이비부머들은
"교회에 가지 않는 해리"Unchurched Harry[1]로 정의되었다.
교회는 어떤 시도를 해서든지 "해리"를 설득하려고 의도적
으로 노력했다. "해리"를 교회로부터, 궁극적으로는 복음
으로부터 멀어지게 하는 많은 방해물을 제거하려고 애썼
다. 목표는 교회에 오지 않는 해리들이 교회에 오면 환영받
고, 편안하며, 즐겁고, 가치 있게 여겨지는 분위기를 만드
는 것이었다. 이것은 1980년대 젊은 어른들을 자녀에 대한
책임과 성가신 양육에서 자유롭게 해주는 것을 포함했다.
따라서 교회는 부모를 붙잡기 위해 편의와 프로그램을 제
공했다. 부모와 분리되어 자녀들만 참여하며 누릴 수 있는
긍정적인 활동을 제공했다.

이 전략은 통했다. 베이비부머들이 교회로 되돌아오기
시작했다. 그들은 복음을 듣고 그리스도께 나왔다. 교회는
성장했고 어린이 사역, 청소년 사역, 가정 사역은 교회의
사명을 지지하는 기초를 구성하는 주요 요소가 되었다. 재

정, 스태프 고용, 어린이를 위한 시설이 확장되었다. 1940
년대와 1950년대에 청소년 사역이 성장한 것처럼, 교회에
서 어린이 사역과 가정 사역의 전례 없는 발전과 확장에 대
한 증거는 아주 많다.

2014년 8월 5일, 팀 라이트 목사는 자신의 블로그에 이
런 성공적인 노력을 지적하면서 "미국 역사상 교회에 가지
않는 사람들이 가장 많은 세대를 길러 냈다"는 글을 올렸
다. "우리 문화에서 각 세대가 교회로부터 멀어지는 것에
는 많은 이유가 있다는 것을 인정했다. 어떤 사람들은 교회
와 연결될 필요가 전혀 없는 사회적 변화로 인해 교회로부
터 멀어지게 되었다. 다른 사람들은 강압적인 방법으로 복
음을 제시하는 교회의 부적절한 포교 방식 때문에 교회로
부터 멀어졌다."[12]

그럼에도 불구하고 라이트는 이런 원인 중 하나에 대해
이렇게 말했다. "우리가 공예배를 경험하는 것에서 자녀들
을 쫓아내고, 자녀들의 프로그램에 그들을 적응시키며, 그
리스도의 몸 된 교회의 다른 구성원과 만날 수 있는 접촉점
을 박탈했기 때문이 아닐까 생각했다. 다른 말로 하면, 자
녀들을 공예배에서 분리함으로써 우리는 아이들이 회중의
삶 안으로 동화되게 하지 않았다. 아이들은 교회의 다른 그
룹을 만날 접촉점이 없었다. 다른 사람들과 함께 예배하는

경험도 없었다. 아이들은 공예배에서 일어나는 예전, 음악, 공간, 환경, 어른 성도들과의 연결점이 전혀 없었다. 이곳은 마치 그들에게 외계의 장소와 같았다. 그래서 그들이 자라서 어린이 프로그램이나 청소년 프로그램에 더 이상 참여할 필요가 없자 곧바로 교회를 떠났다."[13]

그는 이렇게 결론을 내린다. "우리는 좋은 의도를 가지고 자녀들을 그리스도인으로 양육하려고 했다. 그러나 우리는 자녀들을 교회에 가는 그리스도인으로 양육하지 못했다. 아마도 그것이 자녀들 가운데 적은 수만 오늘날 교회에 참석하는 부분적인 이유일 것이다."[14]

이렇게 자녀들의 신앙 양육을 방해하는 추세를 걱정하는 리더들은 부모가 지혜롭게 자녀들을 공예배에 데려오도록 도전하며 격려한다. 이미 언급했듯이, 팀 라이트 같은 이들은 한발 더 나아가 자녀들을 위한 주일학교 프로그램을 없애고 있다. 우리는 가족들이 함께 예배하는 일에 열심을 내고, 자녀들의 제자화를 위한 일차적 책임을 맡은 부모의 중요성을 강조하는 것만큼이나 주일학교도 교회에서 중요한 위치를 차지한다고 믿는다. 만일 어떤 이유로 부모가 주일학교와 공예배 가운데 선택해야 한다면, 우리는 공예배를 선택하기를 권한다. 그러나 우리 아이들을 성경적, 교리적, 신학적으로 제자화하기 위해 주일학교가 유익한 구조가 될 수 있음은 주저하지 않고 강조한다. 우리는 자녀들이 공예배와 주일학교 다 참여하기를 권한다. 예배 안에서 하나님의 사람들과 함께 모이는 공적 모임과 부모가 해야 하는 양육과 훈계를 주일학교가 대신하면 안 된다. 오히려 주일학교는 공동체 모임과 부모의 역할을 보완하고 강화하며 지원해야 한다.

교회 공동체가 예배로 모일 때
왜 다음세대가 꼭 함께해야 하는가?

―

아이들이 교회 공동체의 공예배에 함께하는 것이 유익한
네 가지 중요한 이유가 있다.

1. 공예배에 참석하는 아이들에게는 영적 유익이 있다.

아이들이 공예배에 참석하기를 권하는 가장 중요한 이유
다. 예배의 요소 중에는 아이들이 충분히 이해하기 어려운
요소들이 있음에도 불구하고, 공예배에 필연적으로 영적
실존의 임재가 있는 것이 사실이다. 몇 가지 실제적인 예는
다음과 같다.

교회 공동체가 모일 때 성령께서 임재하신다.

마태복음 18:20

두세 사람이 내 이름으로 모인 곳에는 나도 그들 중에 있느니라.

아이들은 예배 자리에 앉아서 믿음으로 나아가야 한다. 비록 설교나 찬양의 말을 이해할 수 없을지라도 예배 안에서 하나님의 임재와 성령께서 주시는 확신을 경험할 수 있다.

하나님은 아이들의 인지적 발달이나 성숙의 정도에 방해받지 않으신다. 하나님은 "연령에 적절한 것"이 아니더라도 아주 어린아이의 마음에 감동을 주실 수 있다.

요한복음 16:13a

그러나 진리의 성령이 오시면 그가 너희를 모든 진리 가운데로 인도하시리니….

하나님의 말씀은 능력이 있고, 사람의 "혼과 영"에 영향을 끼친다.

히브리서 4:12

하나님의 말씀은 살아 있고 활력이 있어 좌우에 날선 어떤 검보다도 예리하여 혼과 영과 및 관절과 골수를 찔러 쪼개기까지 하며 또 마음의 생각과 뜻을 판단하나니.

비록 아이들이 공예배의 모든 말을 이해하지 못할지라도 예배를 통해 배우거나 느낄 수 있는, 무엇이라 명확하게 말할 수 없는 영역이 있다. 공예배에서 경험하는 열심, 진지함, 기쁨, 집중력은 예배에서 나누는 이야기나 부르는 찬양이 정말 중요하다는 것을 알려 준다.

존 파이퍼는 이 부분을 잘 설명한다.

아이들은 하나님의 임재 안에서 엄숙함과 경외감을 느낄 수 있다. 어린이 교회 또는 주일학교 예배에서는 이런 엄숙함이나 경외감을 쉽게 느낄 수 있는 분위기는 아닌 듯하다. '아이들만을 위한' 천둥이나 아이들만을 위한 번개, 그리고 아이들만을 위한 파도의 부딪힘 같은 것이 있는가?

부모가 열심히 하나님을 좇아가고 있다면, 엄숙한 예배에서 뭔가 잘 알 수 없고 이해하기 힘든 깊은 느낌이 아이들의 영혼 안에 고조될 수 있다. 열정적인 찬양의 어떤 부분이나 '시끄러운 중에 경험하는 고요함'이나 권위 있는 설교를 통해서 어린 세대들은 마음이 부드러워지고 하나님의 장엄함에 깊이 감동하게 된다. 하나님을 사랑하고 두려워하는 마음을 일구는 것에는 헤아릴 수 없는 가치가 있다.[15]

아이들은 우리가 생각하는 것보다 더 많이 배운다.
존 파이퍼는 다시 우리에게 알려 준다.

> 아이들은 가치 있는 것을 엄청난 양으로 흡수한다. 그러나 아이들이 지루하다고 말하는 것도 사실이다.···예배에서 사용하는 음악과 말에 익숙해진다. 음악이 전달하는 메시지가 충분히 이해되기 시작한다. 예배 형식이 자연스럽고 당연하게 느껴진다. 성가대는 아이들이 다른 시간에는 들을 수 없는 종류의 음악으로 특별한 감동을 준다. 설교의 대부분이 그냥 머리를 스쳐 지나감에도 불구하고, 아이들은 주목할 만한 것을 듣고 기억한다.[16]

2. 공예배 참석하는 것은 아이들을 가장 중요하고 지속적이며 가치 있는 교회의 공동체 활동으로 이끌어 준다.
우리가 가족들이 함께 예배에 참석하도록 권할 때는 아이들이 회중의 일부이고 교회가 하나님을 예배하기 위해 모일 때 그들이 함께하기를 바란다는 것을 알려 주어야 한다. 또한 아이들이 공예배에 참석하는 것은 교회의 다음세대의 신앙 양육에 대한 책임을 상기시킨다.

청소년과 어린이를 공예배에서 배제시키는 것은 그들이 자라서 그들에게 특화된 프로그램에 흥미를 잃으면 교회를 떠나는 것을 촉진시킨다. 그리고 그들이 교회 공동체에 참여할 이유를 거의 남겨 두지 않는다. 어린 시절에 익힌 좋은 습관과 영적 훈련은 어른이 되어서도 지속하기 쉽다. 사실, 부모와 함께 공예배에 참석했던 아이들이 집을 떠난 후에도 교회 활동에 더 적극적으로 참여한다는 것을 시사하는 많은 증거가 있다.

존 파이퍼는 정기적으로 교회 공예배에 참석하며 자란 아이들에 대해 이렇게 말한다. "…우리가 그들을 다르게 가르치지 않는 한, '주일 아침에 내가 있어야 할 곳은 여기야…'라는 생각으로 자랄 것이다. 우리가 아이들에게 그런 생각을 기대한다면, 주일 아침에 교회 말고 다른 곳에 있을 수 있다는 가능성이 그들의 머릿속에 결코 들어가지 않을 것이다."[17]

존 파이퍼는 계속해서 말한다.

6세에서 12세 사이에 여러 해 동안 아이들 예배와 모임에 참여한 아이들이 부모 옆에 앉아서 같은 햇수만큼 공예배에 참석한 아이들보다 예배를 드리는 훈련이 더 잘 되어 있거나 그런 경향이 있다고 믿지 않는다. 실제로는 그 반대의 경우가 맞는 것 같다.

5세나 6세보다는 10세에서 12세 사이의 아이들이 새로운 예배 형태에 적응하는 것이 더 어렵다고 생각한다. 10세에서 12세 사이는 시멘트로 비유하면 말라서 거의 굳어가는 시기다. 또한 마음의 충동을 통제하고 다듬을 수 있는 방대한 가능성이 사라진 시기다.[18]

제이슨 헤로포우로스Jason Helopoulos는 "예배 안의 아이들—되돌아오게 하자"Children in Worship-Let's Bring it Back라는 글에서 다음과 같이 말한다.

우리 문화에서 십대들은 종종 공예배에 참석하는 것을 꺼린다. 그들이 십대가 되기까지 우리가 계속해서 예배에 그들을 포함시키지 않았기 때문이다. 이런 반응을 보이는 십대들이 얼마나 많은가? 만일 교회에 수년 동안 참석하는 것이 성경 그림책을 색칠하는 것과 CD를 따라 찬송을 부르는 것, 게임을 하는 것과 만들기를 하는 것을 의미해왔다면, 우리 젊은이들이 예배에서 기이함과 불편함, 지루함을 발견하는 것이 놀랄 일도 아니다. 나는 집에 가득 울려 퍼지는 어린이 찬양을 좋아한다. 서재를 꾸며 주는 어린이의 신앙과 관련된 만들기 작품도 좋아한다. 그러나 우리가 매주마다 아이들에게 제공하는 교회 생활의 리듬이 이런 것이라면, 우리는 그들에게 엄청나게 몹쓸 짓을 해온 것이다.

십대들은 믿음을 고백하는 위대한 찬양을 부르는 것, 하나님 말씀의 선포, 죄 고백, 공적 기도 등이 지루하지 않고 특별하다는 것을 보고 알고 배워야 한다. 그것이 신앙 공동체가 함께 모여서 살아가는 삶이다. 그것은 하나님이 정하시고, 하나님이 고안하시고, 그 연령대를 위해 제정하신 것으로 우리가 매주 누려야 할 삶의 리듬이며, 우리가 그들로 하여금 알기 원하는 것이다. 우리는 그들이 하나님을 알고 예배하기를 원하기 때문이다.[19]

존 파이퍼도 이렇게 말한다.

예배는 인간이 할 수 있는 가장 가치 있는 일이다. 4세에서 17세 사이에 엄마와 아빠와 함께하는 650번의 예배를 통해 축적된 효과는 헤아릴 수 없을 만큼 엄청나다.[20]

3. 공예배에 참석하는 것은 아이들에게 세대 간의 경험과 다른 사람들, 특히 부모의 본을 통해서 얻는 유익과 영향을 받을 기회를 제공한다.

우리는 아이들이 예배에 정기적으로 참석하는 습관을 들이기 원한다. 그러나 그것보다는 아이들이 하나님을 예배하며 즐거워하는 것을 훨씬 더 원해야 한다. 그런 목적을 달성하기까지 우리가 보여 주는 본은 아이들에게 강력한 영향을 끼친다. 좋든 나쁘든, 아이들은 우리에게서 삶을 살아갈 단서를 얻을 것이다.

아이들이 하나님을 예배하는 것을 소중히 여기는 마음을 목격하면, 하나님을 예배하는 것을 좀 더 귀하게 여길 것이다. 아이들이 부모와 어른들이 고개를 숙이고 열정적으로 기도하는 것과 손을 높이 들고 찬양하는 것을 볼 때, 그 진지함 속에서 아이들의 마음은 예배의 감격에 빠질 수 있다. 아이들은 설교 말씀을 골똘히 듣는 부모, 설교를 요약하는 부모, 진리를 분별하는 부모를 보게 된다. 하나님의 말씀을 향한 부모의 간절함을 보게 된다. 그 간절함은 아이들의 마음에도 하나님의 말씀을 향한 간절함을 불러일으킨다.

엄마의 볼에 흘러내리는 눈물과 찬양으로 하나님을 예배하는 엄마를 딸이 올려다볼 때, 아이의 마음은 얼마나 감동을 받게 될까? 설교 시간에 도전과 권면의 말씀을 듣고 몇 주 동안 계속해서 기도 가운데 하나님께 엎드리는 아빠를 아들이 보게 될 때, 아이의 영혼에 어떤 영향을 끼치게 될까? 매주마다 귀중한 헌금을 드리는 나이 많은 어른을 보는 아이가 받을 영향이 어떨지 우리가 판단할 수 있을까? 또는 하나님의 말씀이 진리임을 선포하는 목사의 열정을 보는 것이 아이에게 어떤 영향을 끼칠지 우리가 평가할 수 있을까?

제이슨 헬로포우로스는 이런 영향력을 다음과 같은 말로 강조한다.

자녀들이 엄마나 아빠가 확신을 가지고 찬양하고, 경외하는 마음으로 기도하며, 열심히 설교를 듣고, 기쁨으로 성찬에 참여하는 것을 목격할 때, 누리게 되는 놀라운 유익이 있다. 자녀들이 믿음과 예배의 중요성을 배우는 순간들이다. 경외하는 마음과 기쁨을 가지고 하나님을 예배하는 부모를 보는 것보다 아이들의 믿음에 더 큰 격려는 없다.[21]

버드 버크Bud Burk 목사도 아이들이 부모와 함께 예배할 때 그들이 보는 것이 중요하다고 말한다.

그들(자녀들)은 하나님의 말씀이 선포될 때 그 말씀에 집중하는 당신(부모)을 지켜본다. 목사가 마음을 격려하는 말을 할 때 미소 짓는 당신을 지켜본다. 또한 '그 말이 맞다'라고 말하면서 고개를 끄덕이는 당신을 지켜본다. 또는 슬픈 얼굴로 고개를 흔드는 당신을 지켜본다. '왜 엄마가 슬퍼할까?' 그것은 성령께서 주시는 깨달음일 수 있다. 자녀들은 이런 광경을 매주마다, 매달마다, 수년에 걸쳐서 지켜볼 것이다.

설교자가 설교할 때 당신이 성경을 펴는 것을 자녀들이 지켜볼 것이며, 성경을 읽는 당신을 지켜볼 것이다. 목사의 목소리가 정말로 커질 때 그들은 당신이 목사에게 집중하는 모습을 지켜본다. 자녀들은 목사가 하는 말이 무엇인지 말할 수 없을지도 모른다. 그러나 이 모든 것을 지켜보는 것이 아이의 영적 성장에 효과적이다. 또한 수년 동안 기쁨과 즐거움이 가득한 목사의 웃는 얼굴을 보거나 그의 얼굴에서 진지함을 보게 되고, 당신이 찬양하는 것이나 당신이 손을 들어 하나님을 경배하는 것을 지켜본다. 그런 예배의 행위가 당신에게 의미 있기 때문에 아이들에게도 의미 있게 된다. 모든 사람이 서서 찬양할 때 앉아 있는 엄마를 지켜본다. 엄마는 고개를 숙이고 있고 아빠가 엄마의 어깨에 손을 얹는 것을 지켜본다. 말할 필요가 없다. 그 자체가 자녀에게는 엄청난 영향을 끼치는 순간이다.

자녀들은 수년 동안 성찬에 참여하는 당신을 지켜본다. 예수님의 찢긴 살과 피인 성찬의 빵과 잔을 들고 그것을 바라보는 당신을 지켜본다. 그들은 성찬예식에서 이루어지는 묵상과 기도와 찬송을 하는 동안 당신이 눈을 감고 있는 것을 지켜본다. 부모의 침묵은 아이에게 영향을 끼친다.[22]

4. 공예배에 참석하는 것은 아이들의 제자화를 촉진시킨다.

아이들을 공예배에 데려오는 것은 하나님을 예배하는 법을 배우고 하나님이 그들을 창조하신 목적을 발견하는 기회를 준다. 주님의 뜻은 우리 자녀들이 이 땅에서 하나님을 예배할 뿐만 아니라 영원을 그렇게 사는 것이다.

비록 아이들이 모든 것을 이해하지 못할지라도, 말하는 내용이 무엇인지 듣고 그 말씀에 어떻게 연결되어야 하는지를 배울 수 있다. 설교자로부터 들은 말씀을 그림으로 그리거나, 특별한 단어들을 들으려고 귀를 기울이거나, 그들이 이해하지 못하는 단어들을 적거나, 하나님에 대해 배운 것을 녹음하는 행동을 통해 아이들은 좋은 경청자가 되는 것과 선포되는 하나님의 말씀과 상호작용하는 것을 배우게 된다. 기도, 찬송, 설교 내용은 부모에게 자녀들과 함께 진리에 대해 토론하고 설명하며 가르칠 기회를 준다. 자녀들이 특별히 듣는 훈련이 잘 되어 있다면, 설교에서 위대한 진리를 발견하고 이해하며 하나님의 말씀에 통찰력 있는 학생이 될 수 있다.

또한 존 파이퍼가 설명한 것처럼, 아이들은 조용히 앉아서 공예배에 참여하는 것과 부모에게 순종하는 것을 배우게 된다.

···공예배에 아이들을 참여시키려는 열망은 자녀 양육과 연결하여 더 넓게 관심을 가져야 할 부분이다. 그래야 그들이 "모든 공손함으로 복종하게 하는 자"(딤전 3:4)가 된다. 부모에게 순종하는 것을 배운 건강한 6세 아이에게 주일에 한두 시간 동안 조용하게 지속적으로 앉아 있기를 기대하는 것은 지나친 요구가 아니다. 훈육의 정도를 규정해야 하지만, 조용히 앉아서 예배하며 부모에게 순종하는 태도는 첫 5년 동안에 부모가 자녀에게 틀림없이 전해 주어야 할 것이다. 그것이 정확하게 그 시기에 우리가 원하는 훈육의 정도다.[23]

2부

다음세대와 함께
공예배를 드리기 위한 전략

—

"믿음과 인내, 일관성을 가지고 자녀들을 훈련할 때,
결국 그들이 배울 것이다."

—

서론

—

일반적으로 아이들이 공예배에 출석하는 주제에 관한 첫 번째 질문은 이것이다. "아이들이 몇 살 때 교회 공예배에 참석하게 해야 하는가?" 이 질문에 대한 답은, 꼭 집어 말할 수 있는 이상적인 연령은 없다는 것이다. 그렇지만 주목할 만한 가치가 있는 중요한 요소들이 있다.

제이슨 헤로포우로스는 "엄마가 시험한 팁들"Mom Tested Tips 이라는 글에서 다음과 같은 견해를 내놓는다.

많은 사람들은 12세보다는 5세 아이에게 공예배 드리기를 처음으로 가르치는 것이 더 어렵다고 믿는다. 그러나 그것은 진실이 아니다. 5세 아이는 훈련을 통해 삶을 살아가는 법을 형성하는 시기에 있다. 그들은 행동이나 태도가 아직 고착되지 않은 시기를 지나고 있다. 그들에게 공예배 시간에 어떻게 앉아 있어야 하는지를 가르치기 위해 몇 달 정도 씨름하는 것이 앞으로 그들의 삶에 엄청난 유익을 이끌어 낸다.[24]

자녀들을 교회 공예배에 참석시키는 시기를 정하는 데 중요한 요소는 아이가 교회 예배에 참석하는 것이 삶의 리듬이 되는 나이가 되었을 때다. 부모와 함께 예배에 참석하는 리듬은 어린 시기에 형성되는 습관이다. 지금까지 흐름으로 볼 때, 영아부를 졸업하자마자 유아부 나이인 3세에서 4세 사이에 어린아이들을 공예배에 참석하게 해야 한다.[25] 5세쯤 되어, 적절하게 훈육이 된 아이는 교회 공예배 내내 앉아 있을 수 있게 된다.

몇몇 교회들은 5세보다 더 나이가 많은 아이들을 위해 아이 돌봄을 제공한다. 공예배에 자녀들을 데려오는 것을 주저하는 부모들 때문에 때때로 이런 돌봄 과정을 만든다. 몇몇 부모들은 공예배에서 그들이 직면하는 자녀의 문제 행동을 교정하려고 씨름하는 것이 힘들어서 자녀들을 공예배에 데려오는 것에 반대한다. 어린 자녀들이 조용하고 정중하게 앉아 있도록 훈련하는 것이 때때로 주의를 산만하게 하고 절망스럽게 할 수 있다. 그럴지라도, 이것은 아이가 반드시 배워야 할 과제 중 하나다.

"하나님의 임재 안에 함께 거하는 가족"The Family Together in God's Presence이라는 글에서 존 파이퍼와 노엘 파이퍼는 이러한 점을 지적한다.

부모에게 순종하는 것을 배운 건강한 6세 아이에게 주일에 한두 시간 동안 조용하게 지속적으로 앉아 있기를 기대하는 것은 지나친 요구가 아니다. 훈육의 정도를 규정해야 하지만, 조용히 앉아서 예배하며 부모에게 순종하는 태도는 첫 5년 동안에 부모가 자녀에게 틀림없이 전해 주어야 할 것이다. 그것이 정확하게 그 시기에 우리가 원하는 훈육의 정도다.

그러므로 공예배에 아이들을 참여시키려는 열망은 자녀 양육과 연결하여 더 넓게 관심을 가져야 할 부분이다. 그래야 그들이 '모든 공손함으로 복종하게 하는 자'(딤전 3:4)가 된다. 아이들의 삶에서 첫 5년은 부모가 '앉아서 조용히 하고 있어라'고 말할 때, 그 말에 복종하는 것을 배우는 시기다. 자녀들을 통제하지 못해서 어떻게 해야 할지 모르는 부모의 무력감을, 공예배를 대체하는 아이들 예배나 주일학교 예배로 해결하지 않아야 한다. 대신에 가정에서 훈육을 다시 새롭게 해야 한다.[26]

허용적인 양육 태도가 강한 영향을 끼치고 있는 이 연령대의 자녀를 둔 젊은 부모들에게 파이퍼 부부는 그들의 태도를 받아 주기보다 어린 자녀들을 훈육할 필요에 관해 적절한 상담을 해주었다. 교회 리더들의 소명은 젊은 부모들에게 가족을 위한 쉬운 방법을 가르치는 것보다는 가족에게 무엇이 좋은지를 가르치는 것이다.

20여 년 전의 연구에 따르면, 공예배에 참석하지 않고 주일학교에만 참석한 아이들은 어른이 되어서 교회에 출석하지 않는 경향이 더 많은 것으로 나타났다. 반대로, 주일학교에 참석하지 않고 공예배에만 참석한 아이들은, 주일학교와 교회 공예배에 다 참석한 아이들처럼 어른이 되어서도 교회에 출석하는 경향이 더 많은 것으로 드러났다.[27]

공예배에 다음세대를 참여시키기 위한
효과적인 양육 전략

—

책임감

자녀들이 공예배에 참석해 앉아 있도록 훈련하는 것이 부모의 책임이라는 것을 인식하라. 이것은 노력과 희생이 따르는 일이다. 자녀들과 함께 앉아서 예배한다면, 부모는 그렇지 않을 때보다 예배에 더 집중할 수 없고 더 많은 방해를 받게 될 것이다. 그러나 우리는 자녀들을 훈련하는 이 시기가 상대적으로 매우 짧다는 것과 우리가 하나님을 의지하며 이 시기를 잘 이끌어 가도록 하나님이 은혜와 지혜를 주실 것을 명심해야 한다.

자녀들이 교회 공예배에 참석하도록 돕는 것은 훈련이 필요하다는 것을 알라. 올바른 태도와 행동은 대개 서서히 발달한다. 우리는 어린 자녀들이 공예배에 참석해 앉아 있는 것을 기다리는 일이 몇 달이 걸릴 수도 있음을 예상해야 한다. 믿음과 인내, 일관성을 가지고 자녀들을 훈련할 때, 결국 그들이 배울 것이다.

부모가 자녀들을 이해하고 그에 맞는 훈련을 하는 것이 중요하다. 자녀들을 향한 우리의 예상은 실제적이어야 한다. 어떤 아이들에게는 자신의 한계보다 더 많은 시간을 조용히 앉아 있는 것이 정말 힘들 수 있다. 다른 아이들은 아주 빨리 그 상황에 적응할 수 있다. 우리는 아이들이 다르다는 것을 인정하고, 하나님이 아이들 각자에게 독특한 인성을 주신 것을 감사해야 한다.

가능하다면, 어린아이가 쉽게 방해받지 않거나 다른 사람들을 방해하지 않고 앉을 만한 장소를 찾는 것이 도움이 된다. 부모가 자녀를 데리고 나가야 할 필요가 있다면, 앞쪽에 앉는 것이 매우 불편함에도 불구하고 어떤 부모들은 자녀들을 방해하는 요소가 적은 앞쪽에 앉는 것을 좋아한다.

활동적인 어린아이를 훈련할 때는 부모가 예배 도중에 아이를 밖으로 데리고 나가야 할 수도 있다. 이것은 아이의 한계를 넘어 그를 억압하지 않으면서도 성공적으로 적응하게 도울 수 있다. 아주 어린아이는 10분 정도 공예배에 머물게 하는 것으로 시작해도 좋다. 그런 다음에 아이가 공예배 내내 앉아 있을 수 있을 때까지 그 시간을 서서히 늘리면 된다.

이런 전략을 적용하면서 우리는 나쁜 행동을 강화하지 않도록 주의해야 한다. 어떤 아이들은 공예배 시간에 잘못된 행동을 하면 예배에서 벗어나 다른 곳에서 자유롭게 뛰어 놀 수 있다는 것을 알아낼 수 있다. 아이들에게 우리가 어떤 기대를 가지고 있는지를 정기적으로 상기시켜야 한다. 우리가 아이들을 공예배에서 나가게 해야 한다면, 우리는 그들이 조용히 앉아서 예배 실황을 계속 들을 수 있고 다른 사람들을 방해하지 않는 장소로 데려가야 한다.

여러 명의 자녀를 둔 부모는 조부모나 좋은 친구에게 도움을 요청할 수 있다. 이것은 한몸 된 교회 공동체가 젊은 가족들을 돌보는 훌륭한 기회가 될 수 있다. 아마도 다자녀 가족을 도우며 함께 예배드리는 기회를 환영하는 과부나 독신이 있을 수 있다.

주중에 지역 도서관에서 동화 이야기를 귀 기울여 듣거나 약속 시간을 기다리는 것처럼 조용히 앉아 집중해서 듣는 훈련을 하는 기회를 이용하는 것도 아이에게 도움이 된다. 가정에서 예배하는 것은 자녀들이 교회에서 예배하는 것을 훈련하기 위한 아주 좋은 기회다. 가정예배에 참석하는 아이들은 공예배 시간에 성경 봉독 듣기, 기도하는 동안 집중하기, 찬양 부르기 등에 더 빨리 적응할 것이다.

준비

주일 아침의 시작은 토요일 밤부터 시작된다. 입고 갈 옷과 신발을 미리 정하고, 헌금을 준비하며, 가방을 미리 싸 놓고, 주일 저녁 식사를 미리 생각해 놓으라. 그러면 주일 예배를 준비하는 것에 도움이 되고 주일 아침에 스트레스가 줄어들게 된다. 주일 아침에는 아침을 간단히 먹고, 예상치 못한 일이 생길 수 있으므로 주일 아침 일정에 여유를 많이 남겨 두라. 예배 전에 부모가 어린아이들을 화장실에 다녀오도록 하고, "우리는 예배의 한 부분도 놓치는 것을 원하지 않기 때문에 예배 중에는 나갈 수 없다"는 것을 상기시키는 것이 도움이 된다.

기도

이 시간이 자녀들의 영적 훈련에 가치 있는 부분이 되도록 하나님께 도와달라고 구하기를 게을리하지 않는 것이 중요하다. 우리는 자녀들의 마음을 위해 기도해야 한다. 그

들이 가장 위대하고 존귀하신 하나님을 알고 그분을 진정
으로 예배하기를 원해야 한다.

기대

우리는 공예배 시간에 자녀들의 행동에 어떤 기대를 가지
고 있는지 확실하게 상기시켜야 한다. 이 시간에 자녀들은
찬양하고 기도하는 것에 참여하고, 조용히 앉아서 들어야
한다. 특히 훈련과정의 초기에는 이런 기대를 명확하게 알
려 주어야 하고, 종종 다시 확인시켜 주어야 한다.

예배 전에 예배 시간에 하는 특별한 예전이나 프로그램
을 적극적으로 이야기해 주라. 예배 중에 세례식이 있다면,
어떤 일이 일어나고 그 예식에 담긴 의미가 무엇인지 설명
해 주라. 마찬가지로 성찬식을 하게 된다면, 성찬식이 진
행되는 동안에 자녀에게 기대하는 태도뿐 아니라 성찬식
의 의미와 중대성을 설명해 주어 그들이 예전이나 예식에
잘 참여하도록 도우라. 성찬 떡과 잔이 지나갈 때, 어린 자
녀들은 그것을 "과자와 주스"로 여기지 않아야 함을 알아야
한다. 또한 교회의 다른 성도들과 영적 교제에 참여할 수
있는 성찬식을 기대하도록 인도해야 한다.

모델

우리가 자녀들의 모델이 되는 것이 중요하다. 우리는 주님의 날을 긍정적인 태도, 즐거운 분위기, 열정과 기대를 가진 영혼, 예배를 위한 마음을 가지고 시작해야 한다. 우리의 찬양은 감동적이고 진정성이 있어야 한다. 공동 기도에 우리 마음이 연결되어 있어야 하고, 하나님의 말씀이 선포될 때 집중해서 적극적으로 들어야 한다. 진정한 예배는 전염성이 있다. 우리가 예배에 진정성 있게 참여하는 것을 볼 때 자녀들이 유익을 얻을 것이다.

가르침

교회가 예배 순서와 주보를 교회 홈페이지에 게시한다면, 예배 시간 전에 자녀에게 예배의 다양한 부분을 알려 주는데 유용하다. 가정에서 미리 설교 본문을 읽고 그 의미에 대해 이야기를 나누면, 아이가 설교 본문에 더 친숙해져서 설교에 연결되도록 도울 수 있다.

찬양은 예배의 중요한 부분이다. 어린 자녀들, 특히 아직 글을 읽지 못하는 아이들은 자신이 잘 아는 찬양곡을 부를 때 좀 더 많이 참여하게 된다. 비록 아이들이 찬양곡 전체를 배울 수는 없을지라도 우리는 찬양곡의 한 부분을 가르칠 수 있다. 아이들이 아는 부분을 부르면 주의를 집중하게 된다.

다시 말하지만, 예배가 시작되기 전에 자녀들과 함께 기도하는 것을 소홀히 하면 안 된다. 그리스도를 존귀하게 여기는 태도로 행동하는 은혜를 달라고 자녀와 함께 주님께 구해야 한다. 또한 진리의 말씀을 이해하고 마음을 다해 예배하도록 성령의 도우심을 구하는 기도를 자녀와 함께 해야 한다.

참여

우리는 지금 교회에서 자녀들이 조용히 앉아 있고 착한 행동을 하도록 훈련하는 것이 아님을 기억하라. 우리는 자녀들이 주님을 예배하도록 훈련하고 있다. 자녀들이 할 수 있는 만큼 많은 부분에서 예배에 참여하도록 그들을 이끌고 도와야 한다. 가정에서 하는 훈련은 주일 아침 예배에 아이들이 참여하는 정도에 큰 차이를 만들 수 있다.

우리는 예배 시간에 부르는 찬송가와 합창곡 목록을 가지고 자녀들을 준비시키는 것을 목표로 삼아야 한다. 회중이 찬양할 때 아이들이 그저 침묵하며 주변을 둘러보게 하지 말고 함께 찬양하도록 격려하라. 회중이 찬송가로 찬양하거나 합독을 한다면, 아직 글을 읽는 것이 능숙하지 않거나 글을 배우고 있는 아이들의 경우에는 함께 찬양하거나 성경을 읽을 때 그 낱말을 짚어 줄 수 있는 어른이 옆에서 따라하게 하면 도움이 된다. 이것은 아이의 주의를 집중시키고, 예배로 이끄는 데 도움이 된다.

아이들은 회중이 서 있을 때 자신도 서 있어야 하고, 회중이 박수를 칠 때 자신도 박수를 쳐야 하며, 회중이 기도할 때 자신도 머리를 숙여야 함을 배워야 한다. 우리는 아이들이 왜 공예배에 참여하는 것이 중요한지를 이해하도록 도와야 한다. 그리고 아이들이 예배에서 수동적인 관찰자가 아니라 어떻게 하면 적극적인 참여자가 될 수 있는지를 가르쳐야 한다.

우리는 예배 중에 자녀들과 하는 대화를 최대한 줄여야 한다. 그럼에도 불구하고, 우리는 아이들에게 간단한 설명을 하거나, "나는 이 성경구절을 좋아해" 또는 "나는 하나님이 누구신지를 말하는 이 찬양 가사가 좋아" 등과 같은 말로 아이들의 믿음을 북돋아 줄 수 있다. 우리는 아이들이 예배에 연결되도록 순서가 바뀌는 순간을 활용하여 이처럼 말할 수 있다.

봉헌 시간은 아이들과 어른들이 함께 참여할 수 있는 또 다른 기회의 순간이다. 우리는 예배에서 이 시간이 교회를 위한 후원금을 모으는 시간보다 더 의미 있고 유용한 시간이라는 것을 아이들이 이해하기 바란다. 시편 96편 8절은 "여호와의 이름에 합당한 영광을 그에게 돌릴지어다 예물을 들고 그의 궁정에 들어갈지어다"라고 말한다. 헌금을 가져오는 것은 우리 자신과 자녀들에게 위대한 보배이신 그리스도를 높이는 기회가 된다. 그리스도 안에서 형제자매로서 "어떤 사람은 병거, 어떤 사람은 말을 의지하나 우리는 여호와 우리 하나님의 이름을 자랑하리로다"(시 20:7)라는 말씀을 확인하는 순간이다. 우리는 이 순간이 예배에서 주님께서 우리를 돌보심을 믿는 믿음을 보이는 행동이라는 것을 자녀들에게 가르쳐 주어야 한다. 헌금을 드림으로써 우리와 자녀들은 세상에서 그분의 사역에 동참하는 것을 배우게 된다.

온라인으로 헌금하는 것이 편리할 수 있다. 하지만 우리는 예배에 헌금을 가져오는 수고를 해야 한다. 자녀들이 부모가 헌금하는 모습을 본 대로 정기적이고 신실하게 예배하는 모본을 따르게 해야 한다. 아이들이 자기 돈으로 헌금하게 하는 것이 가장 좋다. 아주 어린아이들은 돈의 가치를 잘 모르지만, 부모가 용돈을 줄 때 헌금, 저금, 지출 등의 항목으로 쉽게 나눌 수 있도록 잔돈으로 주면서 아이들이 일정 비율을 정해 헌금하도록 가르칠 수 있다.

우리는 예배 시간에 특히 하나님의 말씀이 선포될 때, 자녀들이 적극적인 경청 훈련을 하도록 돕는 기회를 얻는다. 시간이 지날수록 우리는 자녀들이 설교에 주의를 집중하는 법을 배우기 원한다. 처음에는 아이에게 "이 이야기를 잘 들어 봐" 또는 "목사님이 무엇을 이야기하는지 그림으로 그려 볼까?" 등과 같이 단순하게 속삭이는 것이 도움이 될 수 있다.

그림을 그리거나 색칠하는 것은 어린아이들이 즐겨하는 활동이고, 대개 다른 사람들을 방해하지 않는 활동이다. 아이들에게 설교 말씀이 무엇인지 주의 깊게 듣고 자신들이 들은 것을 그리게 함으로써 우리는 그들이 적극적인 경청자가 되도록 가르친다. 그러나 아이들에게 들은 것과 연결하여 그림을 그리라는 지침 없이 종이와 크레용을 주면, 아이들이 실제로 예배의 중요한 부분과 단절되거나 분리되도록 가르치게 된다.

집중 시간이 짧은 어린아이들을 붙잡아 두는 데는 책이 유용하다. 방해하지 않을 수 있는 책[28]과 아이들에게 하나님의 말씀을 가르치는(예를 들면, 성경 이야기책) 책을 선택하라. 그렇게 할 때, 비록 아이가 설교의 전체 시간에 집중할 수 없을지라도 이 시간이 자동차나 트럭 같은 장난감이나 영웅들의 이야기가 아닌 하나님과 그분의 말씀에 집중해야 하는 시간임을 배우게 된다.

자녀들이 자라서 글 쓰는 법을 배우게 되면, 설교를 요약하도록 지도하라. 설교 요약은 그들이 주의 깊게 듣고, 들은 말씀과 연결되도록 하는 기회가 된다. 자녀들이 부모의 요약 노트를 관찰하거나 부모의 요약을 자신의 예배 노트에 베끼는 것도 도움이 된다.

또한 자녀들이 예배용 가방을 각자 소유하는 것이 도움이 된다. 그 가방 안에는 어린이 성경책과 성경 이야기책, 메모용 종이나 노트, 성경 이야기 색칠하기 책, 크레용과 색연필 등을 넣을 수 있다.

격려

우리는 자녀들이 예배에 대해 긍정적인 경험을 갖기 원한다. 그래서 우리가 자녀들을 특별한 방식으로 격려하는 것이 중요하다. 자녀들이 찬양하고, 올바른 행동을 하며, 다른 사람들을 친절하게 대하고, 설교 내용을 노트에 그리거나 쓰는 것을 우리가 기뻐하고 즐거워한다는 것을 표현할 때 아이들은 격려를 받는다. 아이들과 함께 예배할 수 있고 그들이 우리와 함께 공예배 안에 있는 것이 얼마나 복된 일인지를 표현하라.

우리는 보통의 교회 예배가 어린아이들에게는 길 수 있다는 것을 인정해야 한다. 그들에게 설교는 결코 끝나지 않을 것처럼 여겨질 수 있다. 아이들이 우리에게 교회가 지루하다고 말하더라도 놀라거나 불안해하지 않아야 한다.[29] 어린아이가 그렇게 느끼는 것은 당연하다. 한편으로, 우리는 이런 느낌을 인정하고 정당화하는 것을 주의해야 한다. 다른 한편으로, 우리가 이해할 만한 이런 느낌을 부정하거나 지루해하는 아이들을 질책하지 않아야 한다. 그렇게 하는 것은 아이들이 예배를 잘 드리도록 돕는 것이 아니며, 우리가 그들에게 바라는 태도를 이끌어내지도 못한다.

대신에 우리는 아이들이 이해할 수 있는 방법으로 자녀들을 대해야 한다. 우리는 자녀들에게 예배가 길다는 것과 목사나 사역자가 아이들이 이해하기 어려운 어휘를 많이 사용한다는 것을 안다. 또한 우리가 어려운 어휘를 이해할 수 있기 때문에 예배가 지루하지 않다는 것을 인식할 수 있다. 아이들에게 예배 중에 조용히 앉아서 설교를 좀 더 이해하려 하고 흥미를 가지면, 언젠가는 좀 더 쉬워지리라는 것을 적절한 순간에 확인시켜 주라. 예배 중에 아이들이 잘 참고, 많이 참여하며, 되도록 많은 것을 얻도록 격려하라.

아이들은 긴 시간 동안 조용히 앉아 있는 것이 어려울 수 있다. 그러나 우리는 자녀들에게 다른 때에 그렇게 하는 것처럼 예배 시간에도 부모에게 순종하고 복종하기를 기대해야 한다. 예배 중에 불순종과 잘못된 행동을 교정하는 것을 게을리 하거나 무시하면, 예배를 통해 아이들이 누릴 유익을 얻지 못하게 방해할 수 있다. 그리고 자녀들에게 제자도를 가르치려는 노력을 허물고 약화시킬 것이다.

아이들도 예배 중에 어떤 행동이 잘못된 것이고, 어떻게 하는 것이 바르게 예배하는 것인지를 알고 싶어 한다. 그러나 부모는 잘못된 행동을 훈육함으로써 자녀들에게 두려움을 주지 않도록 주의해야 한다. 훈육에 대한 부정적인 경험은 아이가 교회를 싫어하게 하는 원인이 될 수도 있다. 오히려 우리는 자녀들이 권위 아래 있고 순종해야 함을 알아야 한다는 것을 인지하고 그들에게 최상의 것을 해주어야 한다.

부모는 자녀를 적절히 훈육하고, 다른 사람들을 방해하지 않기 위해 예배 중에 아이를 데리고 나와야 할 수도 있다. 일관성과 인내심을 가지고 훈육하되, 자녀가 예배 중에 요구되는 것을 배우고 순종하기 전에는 너무 자주 이런 훈육을 하면 안 된다.

복습

아이들은 주로 부모가 보여 주는 예를 따를 것이다. 예배를 마치고 집으로 돌아가는 길에 예배에 대해 긍정적으로 말하도록 주의를 기울여야 하는 이유가 이것이다. 부모와 다른 사람들이 예배에서 특별히 의미 있는 순간이나 은혜를 받은 설교 요점에 대한 이야기를 듣는 것이 아이들에게 유익하다.

예배에서 우리가 어떻게 감동받았고 하나님께서 그분의 말씀을 통해 어떻게 이야기하셨는지를 자녀들에게 들려주라. 그런 이야기를 들으면서 자녀들도 질문하게 되고, 자신이 감동받은 것을 나누게 되며, 자신이 배운 것과 하나님께서 그들에게 말씀하신 특별한 방식에 대해 토론하게 될 것이다. 아이들이 예배 중에 그린 그림이나 쓴 노트를 훑어보는 시간을 가지라. 예배에 참여한 노력을 인정하고 귀하게 여긴다는 것을 아이들이 알도록 짧은 소감을 적어주고 질문하라.

관대함

때때로 부모들은 자녀가 잘못된 행동을 하면 사람들이 좋지 않게 이야기하거나 당혹스러울 수 있다는 두려움 때문에 자녀를 예배에 데려오는 것을 주저한다. 우리는 모든 아이들이 그들 주변에 앉아 있는 어른들처럼 죄인이라는 사실을 명심해야 한다. 우리는 아이가 잘못된 행동을 함으로써 죄의 본성을 드러내는 것에 놀라지 않아야 한다. 하나님의 은혜로 자녀들은 부모에게 복종하는 것을 배우고, 궁극적으로는 그들이 거듭날 때 그리스도께 복종하는 것을 배우게 될 것이다.

이들 가까이에 앉은 성도들은 아이의 잘못된 행동을 성가시게 여기거나 아이의 부모를 마음속으로 비판하기보다는 오히려 조용히 기도해야 한다. 아이의 마음이 주님께 기울어지고, 부모가 자녀의 행동에 대처하며 하나님의 방식으로 살도록 이끌 때 필요한 지혜와 인내심을 달라고 기도해야 한다.

부모로서 우리의 궁극적인 바람은 주님을 기쁘시게 하는 것이다. 다른 사람을 기쁘게 하는 것이 아니다. 우리는 모든 상황을 완벽하게 조종할 수 없다. 그러나 하나님의 은혜로 자녀들의 믿음이 성숙해지고, 그리스도를 닮아 가며, 주일 아침에 온 마음으로 주님을 예배하고, 언젠가는 왕 중의 왕이신 그분의 임재 안에서 예배하게 될 것이다.

자녀를 제자화하기 위해 살아 계신 하나님의 임재 안으로 자녀들을 데려오는 부모들의 노력에 하나님께서 복 주시기를 원합니다.

주께서 생명의 길을 내게 보이시리니
주의 앞에는 충만한 기쁨이 있고
주의 오른쪽에는 영원한 즐거움이 있나이다(시 16:11).

리더를 위한
제안

—

"아이들은 도전하는 것을 좋아한다. 그리고 아이들
에게 어려워 보이는 일을 그들이 할 수 있다고 누군
가 믿어 주는 것을 기뻐한다."

—

공예배에 다음세대를 참여시키는
비전 공유를 위한 제안

─

부모가 자녀들에게 공예배를 경험하게 하는 책임이 있음을 아는 것에 더해, 회중과 교회의 리더들도 다음세대에게 신앙을 전수하기 위한 공동의 책임이 있음을 이해해야 한다. 다음세대 담당 목회자는 아이들을 공예배에 참여시키는 비전을 제시해야 한다. 공동체 모임에 아이들이 참여하는 것의 중요성에 대한 성경적 근거를 심사숙고하고, 기도로 준비한 후에 인내심을 가지고 부모와 교회 리더들이 공감할 수 있도록 계속 가르치고, 격려하며, 지원해야 한다.

1. 하나님께서 공예배에 아이들을 참여시키는 문을 열어 주시기를 기도하라.

인간이 평생 노력하고 애써서 얻는 것보다 더 많은 것을 하나님은 한순간에 성취하실 수 있다. 다음세대를 예배자로 세우기 원하시는 하나님의 열망과 마음을 변화시키시는 하나님의 능력을 의지하며 기도에 모든 노력을 기울이라.

2. 신중하고 마음을 헤아리라. 마음을 끌 수 있도록 인내하며 은혜롭게 추진하라.

아이들이 공예배에 오면 안 된다고 확신하는 몇몇 이유를 가진 사람들이 있다. 그 이유 가운데 몇 가지는 다른 것보다 좀 더 타당하게 느껴진다. 어떤 사람들은 말씀이 방해받지 않고 전달되는 것에 가치를 둔다. 다른 사람들은 아이들이 독특한 발달 시기에 맞게 만들어진 사역 안에서 더 많은 유익을 얻을 거라고 확신한다. 부모들은 교회에서 자녀들의 행동이 드러나는 것에 직면할 때 위기감을 느낄 수 있다. 다른 사람들이 아이들 때문에 방해받기를 원하지 않을 뿐 아니라 그들을 존중하는 마음이 있다. 이런 이유에도 불구하고 공예배에 아이들이 함께하는 것에 대한 가치를 이해하지 못하는 사람들에게 우리는 주의 깊고 참을성 있게 비전을 제시해야 한다.

3. 비전을 가지고 시작하라.

아이들을 공예배에 참여시키는 것뿐 아니라 교회 생활의

다양한 현장 안으로 통합하려는 비전을 제시하라. 어른들이 아이들을 교회의 활동과 가르침 안으로 이끌어야 하는 가치와 책임감을 알도록 도우라.

4. 회중과 부모들을 교육하라.

회중이 자녀를 믿음으로 양육하는 부모를 지지하고 인내심을 가지고 그들을 세밀하게 돌아보게 하라. 혼란이나 방해 없이 하나님의 말씀을 듣고 예배할 수 있도록 주변에 있는 사람들의 필요에 민감하도록 부모들을 가르치라.

5. 바른 방향으로 천천히 가는 것에 만족하며 길게 보고 진행하라.

규정을 만들거나 선택할 수 있는 여지를 빼앗아 버림으로써 사람들에게 공예배에 아이들을 참여시키는 비전을 강요하지는 말라. 그보다는 먼저 당신의 비전에 동의하는 사람들을 얻는 것이 좋다. 대체로 설득이 강압보다 더 효과적이다.

회중 가운데 있는 아버지들에게 두 가지 면으로 도전하라. 하나는 가정에서 가족과 예배하는 것이고, 다른 하나는 한 가족으로서 교회에서 함께 예배하는 것이다. 공예배에 자녀들을 데려오는 부모들을 지지하고 격려하며 긍정해 주라. 그리고 다음세대들을 제자로 세우는 책임을 지도록 회중을 훈련하고 격려하라. 성도들이 아이들 주변에 앉아서 예배에 집중하도록 도와주어 다자녀 가족을 지원하게 할 수 있다. 회중은 예배 시간에 앉아 있는 것을 배우는 산만하고 몸부림치는 아이들을 은혜로 받아 주며, 그들을 위해 기도하는 후원자가 될 수 있다.

앞에서 예배를 인도하는 리더에게 아이들을 위해 단어를 설명해 주거나, 진행하는 발언을 할 때 아이들이 그 공간에 있음을 인식하는 말을 하도록 요구하라. 리더십 그룹이 예배에 아이들을 참여시키기로 결정했다면, 회중도 아이들이 예배에 함께해야 하는 비전을 좀 더 쉽게 붙잡을 수 있다.

공예배에 아이들을 참여시키는 것이 너무 급격한 변화라서 부모와 리더십 그룹이 받아들일 수 없다면, 아이들과 함께 예배하는 것을 목적으로 삼고, 조금씩 그 목적에 이르도록 진행 단계를 만들라. 예를 들면, 특별예배를 아이들과 함께 드리는 것을 기획하거나 분기별로 한 번씩 또는 여름 동안에 아이들과 함께 드리는 예배를 기획하라.

공예배에 다음세대를 참여시키려는
리더 그룹을 위한 제안

—

자녀들과 함께 예배하는 가족들을 도와주고, 아이들이 의미 있고 긍정적인 경험을 하는 예배를 기획하려는 리더들을 위한 실제적인 제안은 다음과 같다.

아이들이 공예배에 참석하는 것의 중요성에 대해 중직자들과 부모들의 마음과 생각을 열어 주시도록 하나님께 기도하라.

존 번연의 조언이 그 시대에 중요하고 의미 있었던 것처럼 오늘날에도 중요하다. "당신이 기도한 후에는 기도보다 더 많은 것을 할 수 있다. 그러나 기도하기 전까지는 기도하는 것 이상으로 할 수 없다."

아이들이 공예배에 참석하고 있음을 의식하며 예배 시간 내내 또는 설교단에서 그들을 염두에 두고 진행하라.

우리 모두는 친한 친구들로서 수년 동안 서로 알아 왔다. 하지만 아주 예전에 처음 만났던 경험이 있다. 원래부터 알던 사람들이 서로 이야기하고 경험을 나눌 때, 그 자리에 처음 참석한 당신이 이방인처럼 느껴지는 것은 자연스러운 일이다. 그러나 그 자리에 이방인에게 관심을 가지고 신경을 쓰는 사람이 있다면, 이방인이 느끼는 어색함이나 불편함은 곧 사라진다. 이방인에게 관심이 있는 사람은 그 상황을 인식하고 이방인이라 느끼는 당신이 그 대화에 끼어들 공간을 만들어 준다. 그러면 당신은 그 그룹에서 이방인이라 느끼지 않고 대화에 참여할 수 있다. 하지만 이런 상황을 자주 만들 필요는 없다. 한두 번 정도 그런 상황을 만들어 주면, 당신은 "내게도 이 모임이 의미 있다"고 느끼게 된다.

때때로 목회자들은 설교하면서 아이들에게 어려운 낱말을 설명해 주거나 "어린이 여러분, 설교를 그림으로 그려 보세요" 또는 "어린이 여러분, 잘 들어 보세요.…정말 중요해요" 와 같은 말들을 하며 아이들을 집중시킬 수 있다.

이런 말들을 자주 할 필요는 없지만, 아이들을 집중시키고 주의를 환기시키기 위해 시의적절하게 말해야 한다. 우리가 이런 방식으로 아이들을 주목하면, 아이들은 자신이 예배하는 한 성도로 그 자리에 있음을 알게 될 뿐 아니라 무슨 일이 진행되는지를 이해하기 위해 더 열심히 참여하게 된다.

아이들은 도전하는 것을 좋아한다. 그리고 아이들에게 어려워 보이는 일을 그들이 할 수 있다고 누군가 믿어 주는 것을 기뻐한다. 설교 내용의 많은 부분은 어린아이들의 인지 능력을 벗어나는 수준이다. 그러나 모든 내용이 다 그렇지는 않다. 어른들이 예배의 설교를 아이들이 듣고 이해하기를 바랄 때, 설교의 전부는 아니지만 아이들은 설교에서 진리를 조금씩 얻게 된다.

아이들이 공예배에 참석하기 때문에 어떤 경우에는 말이나 표현을 자제해야 한다.

아이들이 함께 예배를 드리고 있음을 의식하고 때때로 아이들에게 적절하지 않은 말이나 표현을 자제하고 어떤 주제를 표현하는 방법을 바꿀 수도 있다. 마치 남자들이 있으면 여자들의 대화 내용이 바뀌고, 반대로 여자들이 있으면 남자들의 대화 내용이 바뀌는 것처럼, 주일 아침에 회중 가운데 누가 있느냐를 의식할 때 조심하고 주의하게 된다.

회중의 개별적인 상황과 특성을 고려하는 것이 가능하

다면, 폭넓게 이해하는 것이 늘 유용하다. 이러한 폭넓은 이해는 우리가 서로의 짐을 나누어지고 다른 사람의 독특한 필요에 민감하게 반응하여 한몸으로 서로를 돌보게 한다. 불임 부부나 유산을 경험했던 가정은 어버이날이 우울하고 힘든 날이 될 수 있다. 우리는 그들을 배려하여 적절하게 할 말을 골라서 하고 또 다른 사람들이 그렇게 말하도록 지도해야 한다. 회중 가운데 특별한 필요가 있는 사람들을 배려하듯이, 우리는 아이들의 필요를 인지해야 한다.

예를 들면, 성과 관련된 문장을 표현할 때는 함께 참석하고 있는 어린 성도들에게 끼칠 영향력을 생각하며 적절한 방식으로 바꿔 표현해야 한다. 비록 이 주제를 피할 필요는 없지만, 아이들의 순결함을 보존하기 위해 좀 더 세심하게 접근해야 한다.

적절한 상황에 아이들이 참여하도록 초대하여 그들을 예배에 포함시키라.

귀여움, 예쁨 이런 것보다 의미 있는 일에 아이들을 참여시키는 방법이 있다. 다음에 나오는 목록이 좋은 예다.

1. **역할 위임하기** 선교사들을 위한 기도를 할 때, 특히 선교사 가족에게 아이들이 있다면, 우리는 아이들에게 앞으

로 나와 기도하도록 초대할 수 있다.

2. **특별 예배** 성탄 전야 예배에 아이들을 성경 봉독자로 세우는 것은 아이들이 예배에 참여하는 좋은 모본이 된다. 이것은 아이들에게 예배와 성도들을 섬기게 하는 일이다.

3. **섬김** 아이들은 몸 된 교회를 섬길 수 있다. 조금 큰 아이들은 헌금 위원으로 섬길 수 있고, 주보를 나누어 줄 수 있으며, 성찬에 쓰인 컵을 걷는 일을 할 수 있다.

4. **간증** 간증 시간에 가끔은 아이들을 간증자로 세우는 것이 좋다. 아이들이 의미 있는 간증을 하려면 누군가 지도해야 할 수도 있다. 그러나 대부분의 아이들은 기도 응답을 받은 경험이 있거나 믿음의 교훈을 깨닫는 체험을 한다. 또한 하나님께서 다른 사람들에게 복을 주심으로 하나님의 신실하심에 대해 듣는 기회도 얻는다.

5. **기도** 특별히 기도를 받기 원하는 사람들을 앞으로 초대할 때, 특별히 기도를 받기 원하는 아이들도 기도의 자리로 초대하는 것이 매우 적절하다.

6. 성경 구절 암송하기 "믿음의 싸움을 위한 성경 암송" Fighter Verses[30]같은 성경 암송 프로그램을 진행하는 교회에서는 목회자들이 매주일 구절을 암송할 자원자를 세울 수 있다. 이런 방법으로 아이들은 공동체에 복을 끼치는 경험을 한다.

7. 편의 제공 우리는 설교하는 사람이나 찬양하는 사람이 보이지 않으면 설교나 찬양이 잘 들리지 않는다는 것을 알아야 한다. 우리가 휠체어를 사용하는 사람을 위해 특별한 구역을 정해 놓듯이, 필요한 경우에는(예를 들면, 세례식과 같은 시간에는) 아이들이 예배당 앞으로 나와 바닥에 앉도록 하는 것도 고려해야 한다.

8. 비전 키우기 아이들이 공예배에 참여함으로써 그들의 믿음이 성장해야 한다. 아이들의 영적 성장에 대한 책임과 특권을 교회 공동체가 비전으로 끌어안도록 이끌라. 어른들이 아이들을 예배의 방해자로 보지 않고, 그들을 바른 예배자로 세울 수 있는 좋은 기회로 활용하는 문화를 만들라.

다음세대에게 믿음을 물려주는 것에 대한 책임을 회중에게 의도적으로 가르치라. 헌아식 또는 유아세례식에서 이런 책임을 자연스럽게 가르칠 수 있다. 이것은 주님의 교훈과 훈계로 다음세대를 양육하는 것이 교회 공동체의 책임이라는 것을 성도들에게 가르칠 수 있는 좋은 기회다. 우리가 다음세대에 대한 공동 양육의 책임을 가지고 있기 때문에 회중은 어린아이들의 방해에 관용을 보여야 한다. 젊은 부부들과 아이들을 위해 기도하고, 그들을 격려해야 한다. 마찬가지로 부모들은 자녀들이 예배를 너무 방해해서 아이를 밖으로 데리고 나가야 할 필요에 민감해야 한다. 이런 가르침은 교회 리더들이 교회 공동체에 가르쳐야 한다.

9. 예배 정보 가능하다면, 부모들이 예배를 드리기 위해 교회에 오기 전에 예배 진행 과정 및 정보를 미리 알 수 있도록 해주라. 주보를 교회 홈페이지나 SNS에 게시하면 가능하다.

10. 세미나 공예배에 다음세대를 참여시키기 위한 전략과 비전을 나누는 부모를 위한 세미나를 열라. 자녀들을 공예배에 데려오는 것이 중요함을 부모가 깨닫게 하라. 그리고 부모가 자녀들에게 예배와 믿음을 가르쳐야 하는 책임도 있음을 깨닫게 하라. 어린 자녀들이 교회 자모실이

나 유아/유치부실을 나와 공예배로 들어오는 시기가 부모를 이런 세미나에 초청하기에 이상적이다.

아이들을 공예배에 참여시키는 방법에 대한 또 다른 자료는 존 파이퍼 목사의 인터뷰 "공예배 내내 아이들이 앉아 있어야 하나요?"(Should Children Sit Through 'Big Church'?)에 실려 있다. 이 인터뷰 내용을 기록한 글과 음성 녹음은 다음 사이트에서 볼 수 있다. http://www.desiringGod.org/interviews/should-children-sit-through-big-church

부록

—

"교회 생활에서 최고의 가치를 두고 중요하게 여겨야 할 것은 하나님 중심의 예배다. 우리는 진정성과 열망, 기대를 가지고 주일 예배에 참여해야 한다."

—

공예배에 자녀를 참여시키려는
부모를 위한 제안[31]

―

아이들이 주일 예배를 견딜 것이냐 아니면 즐길 것이냐는 때때로 단순하게 준비와 훈련에 관한 일이 될 수 있다. 우리의 간절한 기도는, 위대하신 하나님을 예배하는 예배자로 자녀가 공예배에 참석하는 것이다. 이 목적을 성취하기 위해, 주일 예배에 자녀들과 함께 참석하기를 원하는 부모들에게 유익한 몇 가지 방법을 제안한다.

1. 예배를 위해 준비하라.

주일 아침은 토요일 밤부터 시작된다. 주일에 입고 갈 옷과 신발을 미리 챙겨 놓고, 헌금을 준비하며, 암송해야 할 요절이 있다면 외우고, 주일 아침에 가져가야 할 모든 것을 함께 모아 놓으라. 주일 아침을 부산하거나 복잡하지 않게 만들라. 간단하게 아침식사를 하고 예배 시간에 늦지 않도록 여유 있게 집에서 출발하라. 예배 시간 동안 자녀들에게 부모가 기대하는 행동이 무엇인지 상기시키라.

2. 자녀에게 예배하는 것이 무엇인지를 보여 주는 모델이 되라.

긍정적인 태도, 즐겁고 유쾌한 분위기, 기대하는 마음과 열정, 예배를 향한 갈망을 가지고 주일 아침을 시작하라.

3. 예배가 시작되기 전에 자녀와 함께 예배에 들어가라.

먼저 주보를 살펴보라.[32] 부모는 예배에서 무슨 일이 있을지, 자녀가 어떻게 예배에 참여하고 행동해야 하는지를 알려 주라. 교독문을 읽을 때 반복되는 후렴구가 있다면 자녀에게 가르쳐 주거나, 찬양의 가사를 가르쳐 줄 수 있다. 그리고 자녀에게 잘 듣고 집중하라고 요청하며, 예배가 시작되기 전에 자녀와 함께 기도하라.

4. 자녀를 위해 기도하라.

부모는 자녀가 예배 시간에 집중하여 듣고, 참여하여 잘 배우게 해달라고 기도해야 한다. 뿐만 아니라 아이의 마음이 주님께로 향하도록 기도해야 한다.

5. 자녀가 예배에 참여하도록 격려하라.

가정에서 찬송가나 예배 찬양을 자녀에게 가르치라. 아이가 찬양을 안다면 예배에 적극적으로 참여할 수 있게 된다. 아이가 찬송가나 찬양을 전부 배우기에 너무 어리다면, 후렴을 가르쳐 주거나 아이가 아는 부분을 부를 때는 알려 주어 함께 찬양하게 한다. 자녀가 예배 순서에 따라 앉거나 일어서고 적절한 때 박수를 치도록 용기를 북돋아 주라. 찬송가를 사용한다면, 찬송가의 가사를 손가락으로 짚어 주어 아이가 따라 부를 수 있게 하라. (비록 자녀가 아직 글을 읽지 못한다 할지라도, 이것은 아이가 예배에 관심을 갖고 찬양 가사에 집중하게 한다.) 자녀가 스스로 헌금을 가져와서 직접 헌금함에 넣게 하라.

6. 자녀가 설교 말씀에 적극적인 경청자가 되게 하라.

자녀에게 적절한 말(예를 들면, "이 이야기를 잘 들어 봐." 또는 "네가 듣고 있는 설교 말씀을 그림으로 그려 볼까?")을 속삭이고 설교에 집중하게 하라. 이때는 긴 훈계를 하는 시간이 아니다. 자녀의 관심을 끌기 위한 짧은 말을 하면 된다. 또한 이때는 자녀가 부모에게 속삭이며 대답하는 시간도 아니다. 부모는 어린 자녀에게 설교를 들으면서 떠오르는 생각이나 느낌, 상황 등을 그림으로 그리도록 권하라. (이것이 지루해서 뭔가를 끄적거리는 것이 되어서는 안 되고, 적극적인 경청을 위한 것이어야 한다.) 자녀가 너무 어려서 긴 시간 동안 앉아 있는 것이 어렵다면, 잠시 설교를 듣고 난 후에 예배를 방해하지 않는 작은 성경 이야기책을 보게 할 수 있다.

자녀가 자라서 글을 쓸 줄 알게 되면, 간단하게 설교를 메모하는 법을 아이에게 보여 주고 따라 하게 하라. 처음에는 부모가 메모하는 법을 보고 아이가 따라 하게 하라. 결국에는 자녀가 스스로 설교를 메모하거나 기록할 수 있게 세워 주어야 한다. 주일 아침에만 쓰는 특별한 스프링 노트를 만들어 주라.

교회 갈 때만 사용하는 특별한 가방을 정하라. 그 가방 안에 자녀를 위해 다음과 같은 것을 넣어 놓아라. 성경 이야기책, 메모용 종이나 노트, 성경 이야기 색칠하기 책, 믿음의 싸움을 위한 성경 암송과 관련된 색칠하기 책, 크레용과 색연필.

7. 조용히 앉아서 집중할 수 있는 능력을 자녀에게 길러 주라.

자녀가 활동적이어서 가만히 앉아 있는 것이 어렵다면, 부모는 자녀를 예배 도중에 데리고 나와야 하는 상황이 생길 수 있다. 자녀가 예배를 마칠 때까지 앉아 있는 시간을 조금씩 계속 늘려 가라. 부모는 이 부분에 확고하고 단호해야 한다. 긍정적인 행동은 칭찬하고 인정해 주라.

8. 집으로 돌아가는 길에 예배에 대한 이야기를 나누라.

자녀들과 예배에 대해 적극적으로 이야기를 나누라. 그리고 자녀에게 예배를 드리면서 궁금한 점이 있었는지 물어보라. 자녀가 예배 중에 그린 그림이나 메모를 가지고 부모와 편안하게 이야기를 나눌 수 있도록 해주라.

아이들을 공예배에 참여시키는 방법에 대한 또 다른 자료는 존 파이퍼 목사의 인터뷰 "공예배 내내 아이들이 앉아 있어야 하나요?"(Should Children Sit Through 'Big Church'?)에 실려 있다. 이 인터뷰 내용을 기록한 글과 음성 녹음은 다음 사이트에서 볼 수 있다. http://www.desiringGod.org/interviews/should-children-sit-through-big-church

하나님의 임재 안에 함께 거하는 가족

존 파이퍼 · 노엘 파이퍼

―

교회 생활에서 최고의 가치를 두고 중요하게 여겨야 할 것은 하나님 중심의 예배다. 우리는 진정성과 열망, 기대를 가지고 주일 예배에 참여해야 한다. 그리고 예배를 경박하게 만들거나, 하찮게 만들거나, 시시하게 만드는 모든 것을 제거하려고 노력해야 한다.

모든 예배가 이러한 방식으로 드려지는 것은 아니다. 주일 아침에 드리는 공예배는 변화산처럼 말로 표현할 수 없는 영광과 놀라운 경외의 장소다. 주일 저녁 예배나 수요예배는 감람산처럼 주님과 함께 서로 이야기하는 친숙하고 편한 자리다.

이 글에서 우리는 두 가지를 나누려고 한다. 첫째, 부모(또는 책임 있는 어른)가 자녀들을 "주일학교 예배"에 보내기보다는 주일 낮 공예배에 데려와야 함을 제시한다. 둘째, 어떻게 그렇게 해야 하는지에 대한 실제적인 조언을 하려고 한다.

우리가 제시하는 예배 방식이 유일하고 효과적이라고 생각하지는 않는다. 그리고 우리의 견해와 방식이 다른 교회가 진행하는 방식과 잘 맞지 않을 수도 있다.

예를 들면, 우리는 주일 낮 공예배 순서에 어린이 설교 시간을 따로 두지 않는다. 참여하는 아이들에게는 재미있고 유익한 시간이 될 수 있지만, 길게 보면 예배 안에 하나님을 향한 열망을 약화시킬 수 있다고 생각한다. 모든 것에는 때가 있다. 우리는 최소한 일주일에 한 시간 정도는 경외감을 가지고 열정적으로 하나님께 마음을 드려야 한다고 생각한다.

가장 큰 걸림돌

우리가 부모들에게 자녀들을 공예배에 데려오기를 권하는 여러 가지 이유가 있다. 그러나 이런 논의가 하나님을 예배하는 것을 좋아하지 않는 부모에게는 별로 의미가 없다.

공예배에서 아이들에게 가장 큰 걸림돌은 부모가 그 시간을 귀하게 여기지 않는 것이다. 자녀들은 의무로 예배하는 것과 기쁨과 즐거움으로 예배하는 것의 차이를 느낀다.

그러므로 부모가 최우선에 두고 가장 중요하게 여겨야 할 일은 하나님을 사랑하고 하나님을 예배하기를 사랑하는 것이다. 부모는 자신이 갖지 않은 것을 자녀에게 넘겨줄 수 없다.

함께함

가족이 함께 예배하는 것은 현시대 흐름인 가족 해체에 역습을 가하는 것이다. 정신없이 바쁜 현대인의 삶은 가족이 함께하는 의미 있는 일에 시간을 거의 내지 못한다. 일주일 내내 또는 한 해 내내 가족이 함께 가치 있는 활동을 함으로써 드러나는 선한 영향력은 과하게 평가해도 지나치지 않다.

예배는 인간이 할 수 있는 가장 가치 있는 일이다. 4세에서 17세 사이에 엄마와 아빠와 함께하는 650번의 예배를 통해 축적된 효과는 헤아릴 수 없을 만큼 엄청나다.

예배하는 마음을 붙잡게 하라

부모는 자신들이 본이 되어서 자녀들에게 예배의 의미와 가치를 가르칠 책임이 있다. 그러므로 부모는 자녀들과 함께 예배에 참석해야 한다. 그럴 때 자녀들은 부모가 예배하는 마음 자세와 형식을 알고 배우게 된다.

아이들은 예배 시작 전에 전주가 연주되는 시간과 그 외에 인도자가 인도하지 않는 시간에 엄마와 아빠가 기도하기 위해 어떻게 머리를 숙이는지 보아야 한다. 아이들은 엄마와 아빠가 어떻게 하나님을 찬양하는 노래를 기쁘게 부르는지 보아야 한다. 그리고 부모가 하나님의 말씀을 얼마나 간절한 마음으로 듣는지도 보아야 한다. 살아 계신 하나님을 만나는 부모의 마음 자세와 태도를 아이들이 목격하고 붙잡게 해야 한다.

부모는 인격과 성격 발달의 중요한 시기에 있는 자녀들이 예배에서 어떤 태도를 취하고 어떻게 행동해야 하는지를 배우게 해야 한다. 그 시기에 자녀가 다른 어른들이나 또래 아이들과 함께 있도록 하는 것은 잘못하는 일이다. 부모는 전능하신 하나님의 임재 안에서 하나님을 경외하는 엄청난 가치를 지키려고 애쓰는 모습을 자녀에게 모델로 보여 주어야 한다.

과한 기대가 아니다

부모에게 순종하는 것을 배운 건강한 6세 아이에게 주일에 한두 시간 동안 조용하게 지속적으로 앉아 있기를 기대하는 것은 지나친 요구가 아니다. 훈육의 정도를 규정해야 하지만, 조용히 앉아서 예배하며 부모에게 순종하는 태도는 첫 5년 동안에 부모가 자녀에게 틀림없이 전해 주어야 할 것이다. 그것이 정확하게 그 시기에 우리가 원하는 훈육의 정도다.

그러므로 공예배에 아이들을 참여시키려는 열망은 자녀 양육과 연결하여 더 넓게 관심을 가져야 할 부분이다. 그래야 그들이 "모든 공손함으로 복종하게 하는 자"(딤전 3:4)가 된다. 아이들의 삶에서 첫 5년은 부모가 "앉아서 조용히 하고 있어라"고 말할 때, 그 말에 복종하는 것을 배우는 시기다. 자녀들을 통제하지 못해서 어떻게 해야 할지 모르는 부모의 무력감을, 공예배를 대체하는 아이들 예배나 주일학교 예배로 해결하지 않아야 한다. 대신에 가정에서 훈육을 다시 새롭게 해야 한다.

아이들이 모든 것을 이해하지 못하는 것은 아니다

아이들은 가치 있는 것을 엄청난 양으로 흡수한다. 그러나 아이들이 지루하다고 말하는 것도 사실이다.

아이들은 예배에서 사용하는 음악과 말에 빨리 익숙해진다. 음악이 전달하는 메시지가 충분히 이해되기 시작한다. 예배 형식이 자연스럽고 당연하게 느껴진다. 성가대는 아이들이 다른 시간에는 들을 수 없는 종류의 음악으로 특별한 감동을 준다. 설교의 대부분이 그냥 머리를 스쳐 지나감에도 불구하고, 아이들은 주목할 만한 것을 듣고 기억한다.

기도와 찬송, 설교 내용은 부모가 믿음에 대해 위대한 진리를 자녀에게 가르칠 수 있는 비길 데 없는 기회를 만들어 준다. 부모가 예배 후에 자녀들에게 질문한 다음 그것을 설명해 준다면, 자녀들이 예배에 참여하는 능력은 눈부시게 성장한다.

아이들에게 좋게 하려고 그들이 경험하는 모든 것을 그들의 눈높이에 맞출 필요는 없다. 어떤 것은 반드시 아이들의 눈높이에 맞추어야 하지만, 모든 것을 그렇게 해야 하는 것은 아니다.

예를 들면, 새로운 언어를 배울 때 알파벳부터 시작해서 어휘, 문법, 문장론까지 차근차근 배우는 방법이 있다. 또는 언어를 배우는 과정에 등록하여 이해는 안 되지만 그 언어만 사용하는 환경에 푹 빠져서 언어를 배울 수도 있다. 대부분의 어학 교사는 후자가 가장 효과적이라고 여긴다.

아이들이 주일 공예배의 많은 부분을 이해하지 못한다고 해서 예배에 참여하는 것이 무익하지는 않다. 아이들은 우리가 생각하는 것보다 훨씬 빠르게 새 언어, 즉 예배에서 사용하는 용어와 음악을 습득할 수 있고 습득하게 될 것이다. 그러려면 부모가 자녀에게 긍정적이고 행복한 태도를 길러 주어야 한다.

경외감

아이들은 하나님의 임재 안에서 엄숙함과 경외감을 느낄 수 있다. 어린이 교회 또는 주일학교 예배에서는 이런 엄숙함이나 경외감을 쉽게 느낄 수 있는 분위기는 아닌 듯하다. "아이들만을 위한" 천둥이나 아이들만을 위한 번개, 그리고 아이들만을 위한 파도의 부딪힘 같은 것이 있는가?

부모가 열심히 하나님을 좇아가고 있다면, 엄숙한 예배에서 뭔가 잘 알 수 없고 이해하기 힘든 깊은 느낌이 아이들의 영혼 안에 고조될 수 있다. 열정적인 찬양의 어떤 부분이나 "시끄러운 중에 경험하는 고요함"이나 권위 있는 설교를 통해서 어린 세대들은 마음이 부드러워지고 하나님의 장엄함에 깊이 감동하게 된다. 하나님을 사랑하고 두려워하는 마음을 일구는 것에는 헤아릴 수 없는 가치가 있다.

6세에서 12세 사이에 여러 해 동안 아이들 예배와 모임에 참여한 아이들이 부모 옆에 앉아서 같은 햇수만큼 공예배에 참석한 아이들보다 예배를 드리는 훈련이 더 잘 되어 있거나 그런 경향이 있다고 믿지 않는다. 실제로는 그 반대의 경우가 더 맞는 것 같다.

5세나 6세보다는 10세에서 12세 사이의 아이들이 새로운 예배 형태에 적응하는 것이 더 어렵다고 생각한다. 10세에서 12세 사이는 시멘트로 비유하면 말라서 거의 굳어 가는 시기다. 또한 마음의 충동을 통제하고 다듬을 수 있는 방대한 가능성이 사라진 시기다.

노엘 파이퍼가 제안하는
실제적 방법

—

우리 네 아들들이 젊은이로 성장했을 때, 우리는 삶에서 예배를 훈련시키는 장은 끝났다고 생각했다. 그러나 하나님은 놀라운 일을 하셨다. 우리 부부는 막내아들이 12세 때 태어난 지 2개월 정도 된 딸을 입양했다. 그래서 20여 년 전에 시작되었던 회중석에서 어린아이와 함께 예배하는 경험이 입양한 딸 때문에 좀 더 연장되었다.

한 걸음씩 시작하라

우리는 예배를 위한 최초의 "학교"는 가정이라는 것을 발견했다. 가정에서 우리가 축복하며 식사 기도를 하는 동안 잠시 아기를 조용히 시킬 때, 걸음마를 뗀 아기에게 성경 이야기를 들려주려고 조용히 앉아 있게 할 때, 어린아이가 하나님의 말씀에 집중하는 것과 가정 예배 시간 동안 기도하는 것을 배워 갈 때 예배 훈련은 시작된다.

자녀들이 아직 영유아기일 때조차도 나는 그들이 주일 아침에 드려지는 공예배에 정기적으로 참석하는 목표를 향해 조금씩 나아갔다. 다른 모임들을 훈련의 장으로 이용했다. 예를 들면 세례식, 성가대 연주회, 선교사들의 비디오 보기, 또는 3세 아이를 집중하게 만들 만한 특별한 행사에 참여시켰다. 나는 아이들이 흥미를 느끼고 아이들의 성장에 도움이 되는 것이라면 의도적으로 그런 자리에 참여하도록 이끌었다. 가끔씩 특별한 행사에 참여하는 것이 점진적으로 주일 오후나 저녁 예배에 정기적으로 참석하는 것으로 발전했다. 동시에 우리는 주일 아침 공예배에 점점 더 정기적으로 참석하는 것을 시도했다.

나는 예배가 길어지고 자녀가 가만히 앉아 있지 못할 때, 거기에서 벗어나는 방법으로 사용할 수 있는 교회의 아이 돌봄 프로그램을 선택하지 않았다. 나는 부모가 자녀들에게 예배가 재미있어서 견딜 수 있을 만큼만 참여하다가 견딜 수 없으면 나가서 놀아도 좋다고 말하는 것을 권하지 않는다. 또한 설교 전까지는 예배의 모든 것이 좋으니 그때까지만 참여하고 그다음에는 나가도 괜찮다는 생각을 강화시킬 수 있는 형태를 피했다.

물론, 부모가 최선을 다해도 자녀들이 가만히 있지 못하고 시끄럽게 할 때가 있다. 나는 주변에 있는 사람들이 이것을 이해하게 해달라고 기도하며 드러나지 않게 그 문제를 해결하려고 노력한다. 그러나 아이가 조용히 앉아 있지 못하면, 나는 즉각적인 훈육과 다른 예배자들을 위해 아이를 데리고 나간다. 그런 다음 아이와 함께 다시 예배에 참여하려고 되돌아갈지, 아니면 부모가 어린아이들과 함께 예배하도록 만들어 놓은 공간(자모실)에 머물지를 결정한다. 이것은 자녀가 어떻게 반응하느냐에 달려 있고, 예배의 흐름에서 적당한 순간이 있는지에 따라 달라질 수 있다. 만일 예배실 밖 "자모실"에 있게 된다면, 나는 여전히 예배실 안에 있는 것처럼 아이를 조용히 앉아 있게 할 것이다.

4세가 되면, 우리 아이들은 매주 정기적으로 드리는 모든 예배에 부모와 함께 참석하는 것이 몸에 배어 습관이 된다.

한 주 내내 준비하기

예배 전후와 주중에 주일 공예배에 대한 이야기를 나누고 그 시간을 기다리는 부모의 태도는 아이가 예배를 좋아하고 예배 시간에 바르게 행동하도록 돕는 데 중요하다.

자녀들이 담임목사와 친밀해지도록 도와주라. 아이들

이 예배실 문 앞에서 목사와 악수하고 인사하도록 인도하라. 예배 인도자들의 이름을 일일이 말하며 그들이 누구인지 알려 주라. 주일학교 리더들은 주일 오전 일정이 가능하다면, 아이들과 짧은 시간이라도 함께 보낼 수 있도록 담임 목사를 초대하라.

다음 주일 설교의 본문을 안다면, 주중에 자녀들과 함께 그 본문을 여러 번 읽으라. 강단에서 익숙한 말씀이 선포될 때 어린아이의 얼굴은 환하게 밝아진다.

이번 주일에 "특별한" 순서가 무엇인지 아이들에게 이야기해 주라. 트럼펫 독주, 특송, 함께 기도했던 나라에서 온 선교사의 간증 및 설교 등.

때때로 부모는 예배 안에 고정된 순서를 가지고 자녀들이 예상할 수 있도록 질문하거나 설명할 수 있다. "우리는 요셉에 대해 읽어 왔단다. 목사님이 요셉에 대해 어떤 이야기를 하실 것 같니?" "오늘은 성가대가 어떤 찬양을 할까?" "우리가 장애를 가진 친구 옆에 앉아서 찬송가를 함께 보면서 도와주면 예배가 더 좋을 거야."

예배 전에 추가적으로 준비해야 할 두 가지 중요한 것이 있다. 주일 설교 요약을 위한 펜과 노트, 그리고 예배 전에 화장실에 다녀오는 것(예배 자리를 떠나 왔다 갔다 하는 것을 강력하게 막아야 한다)이다.

먼저, 나는 아이가 예배 주보를 원하면 주었다. 그것은 아이가 자신이 예배자로 참여한다고 느끼게 해준다. 그리고 예배 시작 전에 주보의 순서에서 이전과 다른 부분이 있으면 조용히 알려 주고 설명한다.

예배 중에 회중과 함께 우리도 일어서고 앉는다. 나는 성경과 찬송가와 주보를 어린 자녀와 함께 본다. 이것이 예배의 중요한 부분이기 때문이다.

노트에 적기 시작하면 설교가 시작되었다는 신호다. (나는 아이들이 예배에 연결된 활동을 하기 바란다. 그래서 도서관에서 빌린 책은 가져오지 않는다. 대신에 아이가 조용히 책을 볼 수 있다면, 자신이 가져온 어린이 성경의 그림을 보게 한다.) 노트에 적는 것은 단순히 낙서하는 것이 아니라 예배 시간에 사용하는 특별한 노트에 설교를 받아 적는 것을 의미한다.

"설교 받아 적기" 실력은 아이가 하는 만큼 자란다. 처음에는 설교에서 들은 것을 아이가 그림으로 그린다. 각각의 낱말이나 명칭이 그림을 그리게 자극할 것이다. 부모는 설교에서 자주 나오는 낱말을 정해 주어 아이가 주의 깊게 설교를 듣게 하고, 그 낱말을 들을 때마다 노트에 표시하게 할 수도 있다.

이후에는 아이가 주일 예배 성경 본문의 낱말이나 글자

를 베껴 쓰려고 할 수도 있다. 글자를 쓰는 것이 점점 쉬워지면 설교에서 들은 낱말을 쓰게 되고, 다음에는 구절을 쓸 수 있을 것이다. 그리고 부모가 예상하기도 전에 아이는 설교의 개요를 설명하고 전체 개념을 요약할 것이다.

목표와 요구 사항

내가 정한 예배 훈련에는 세 가지 목표가 있다.

1. 아이들이 어릴 때부터 마음을 다해 하나님을 예배하는 것을 할 수 있는 대로 잘 배워야 한다.
2. 부모가 예배할 줄 알아야 한다.
3. 가족들은 주변에 있는 사람들이 예배하는 것을 방해하는 원인이 되어서는 안 된다.

그래서 아이들이 아주 어릴 때부터 가르치고, 그들이 조금 크면 그대로 행할 거라고 생각하는 기대가 있다.

- 예배의 부름을 할 때 앉거나 서서 눈을 감게 한다.
- 어슬렁거리며 돌아다니거나, 만지작거리거나, 기어 다니지 않으며, 하나님께 경의를 표하고 주변에 있는 예배자들을 존중하며 바르게 앉아 있게 한다.

- 가능한 조용하게 주보나 성경과 찬송가의 페이지를 펴게 한다.

- 깨어 있게 한다. 노트에 적는 것이 도움이 된다. (나는 아주 어린아이에게는 자는 것을 허락했지만 대개는 그럴 필요가 없었다!)

- 사람들을 응시하거나 시계를 보지 않고, 앞에 있는 예배 인도자를 바라보게 한다.

- 아이가 어른이 읽는 속도를 충분히 따라갈 수 있다면, 찬양 가사를 보며 찬양하게 한다. 적어도 그 낱말을 계속 눈으로 주시하고 그것이 무슨 의미인지 생각하게 한다. 아이가 아직 읽을 수 없다면 열심히 경청하게 한다.

예배를 드리기에 좋은 좌석을 선택하라

내가 할 일은, 예배를 좀 더 수월하게 드리기 위해 적절한 곳에 우리가 앉을 자리를 정하는 것이다. 과거에 수년 간 나는 그날에 서로 가장 많은 문제를 일으키는 두 아이 사이에 앉곤 했다. 우리는 앞이 잘 보이는 자리를 선택했다(앉아 있는 동안, 앞이 보이지 않아서 아이가 의자에 무릎을 꿇지 않아도 되는 자리여야 한다. 무릎을 꿇는 것은 몸을 꼬게 만들고 다른 사람들의 시야를 가로막는다).

아이들 각자가 성경과 헌금, 주보를 갖고 있어서 예배

시간 동안 바닥을 기어 다니거나 옆 사람을 찌르는 행동을 하지 않게 한다. 전주가 연주되는 동안, 주보에서 우리 모두가 준비해야 할 특별한 순서를 발견한다면(예를 들면, 교독을 하거나 회중이 함께 기도하는 것) 참여하기에 충분한 연령의 아이에게는 그 부분을 조용히 알려 준다.

예배가 끝난 후에

예배가 끝났을 때 내가 가장 먼저 하는 말은 예배 시간 내내 바르게 행동한 아이를 칭찬하는 것이다. 칭찬에 더해 다음번에는 더 잘하기를 바라는 한두 가지를 언급한다.

그러나 우리가 세워 놓은 기대가 무시되고 전혀 바르게 행동하지 않았다면 어찌해야 되는가? 예배가 끝난 후에 즉시 해야 할 일은 우리가 발견할 수 있는 가장 조용하고 은밀한 장소로 가는 것이다. 그런 다음에 합당한 말로 아이를 타이르고 그에 대한 적절한 책임을 지게 하거나 약속을 받아 내야 한다.

친밀함과 따뜻함

목사인 남편이 우리와 함께 앉아 예배를 드릴 때가 아주 드물게 있다. 그럴 때 가장 어린 막내가 아빠의 무릎에 바로 올라간다. 막내는 아빠의 무릎에서 보통 때보다 더 집중하고 조용히 앉아 있는다. 부모의 무릎에서 경험하는 친밀함과 따뜻함이 아이의 마음에 하나님과의 특별한 시간을 연상시키는 것이 얼마나 놀라운가!

아이는 부모가 옆에 앉는 것, 어깨에 올린 팔, 무릎 위에 올리는 다정한 손길에서 이와 동일한 감정을 느낀다.

하나님께 집중하며 유대감이 강한 가족 환경은 아이의 영혼과 마음을 점점 더 부요하게 하는, 말로 설명할 수 없는 멋진 장면을 그리게 한다. 또한 아이는 위대하신 하나님을 경외하며 가족에게 감사하는 마음을 가지면서 성숙해 갈 것이다.

존 파이퍼는 desiringGod.org의 설립자이자 교사다. 베들레헴대학과 신학교에서 총장으로 섬기고 있으며, 33년 동안 미니애폴리스에 있는 베들레헴 침례교회에서 목사로 섬겼다. 50권이 넘는 책을 썼으며, 그의 설교와 글은 desiringGod.org에서 볼 수 있다. 이 글은 다음 사이트에서 볼 수 있다. http://www.desiringgod.org/articles/the-family-together-in-gods-presence

참고문헌·주

Beeke, Joel R. *The Family at Church: Listening to Sermons and Attending Prayer Meetings*(Grand Rapids, Mich.: Reformation Heritage, 2008). (『조엘 비키의 교회에서의 가정』개혁된실천사)

Brown, Scott T. *A Weed in the Church: How a Culture of Age Segregation Is Harming the Younger Generation, Fragmenting the Family, and Dividing the Church*(Wake Forest, North Car.: National Center for Family-Integrated Churches, 2010).

Brown, Scott T. "Is Age-Integrated Worship a Historical Norm?," posted by the National Center for Family-Integrated Churches on February 26, 2016, https://ncfic.org/blog/posts/is_age_integrated_worship_a_historical_norm.

Burk, Bud. "The Generations in the Worship Service," a seminar given at a conference in 2013 held by Truth78(then called Children Desiring God). Audio recording: http://ethomasmedia.com/cdg/audio/2013Conference/Burk_Generations.mp3.

Ham, Ken, C. Britt. Beemer, and Todd A. Hillard. *Already Gone: Why Your Kids Will Quit Church and What You Can Do to Stop It*(Green Forest, Ark: Master, 2009).

Helopoulos, Jason. "Children in Worship—Let's Bring It Back," posted by Kevin DeYoung, March 6, 2012, http://thegospelcoalition.org/blogs/kevindeyoung.

Michael, Sally. "Strategies for Engaging Children in the Worship Service," a seminar given at a conference in 2013 given by Truth78(then called Children Desiring God).

Michael, Sally. "Catechism: Out-of-Date or a Tried-and-True Teaching Tool of Eternal Truths," a seminar given at a conference in 2016 given by Truth78(then called Children Desiring God).

Piper, John. "The Children, The Church, and the Chosen," a Sunday evening sermon given at Bethlehem Baptist Church of Minneapolis, Minnesota on September 22, 1980, http://www.desiringGod.org/messages/the-children-the-church-and-the-chosen

Piper, John. "Should Children Sit Through 'Big Church'?" an interview with Pastor John Piper, available both as a transcript and as an audio recording at http://www.desiringGod.org/interviews/should-children-sit-through-big-church

Piper, John and Noël. "The Family: Together in God's Presence," an article published January 1, 1996, http://www.desiringGod.org/articles/the-family-together-in-gods-presence

Strange, W. A. *Children in the Early Church: Children in the Ancient World, the New Testament and the Early Church*(Carlisle, United Kingdom: Paternoster Press, 1996).

Wright, Tim. *Sunday Schooling Our Kids Out of Church: The True Story of How One Congregation Dropped Sunday School*(Peoria, Arizona: Tim Wright Ministries, 2015).

Wright, Tim, "Sunday Schooling Our Kids Out of Church," posted on August 5, 2014, http://sixseeds.patheos.com/searchingfortom-sawyer/2014/08/sunday-schooling-our-kids-out-of-church/.

주

1   Wright, Tim. "Sunday Schooling Our Kids Out of Church," posted August 5, 2014, https://www.patheos.com/blogs/searching-fortomsawyer/2014/08/sunday-schooling-our-kids-out-of-church/ (accessed 7/22/16).

2   Strange, William. A. *Children in the Early Church: Children in the Ancient World, the New Testament and the Early Church*(Carlisle, United Kingdom: Paternoster Press, 1996), 66.

3   Henry, Matthew. *Matthew Henry's Commentary on the Whole Bible: Complete and Unabridged in One Volume*(Peabody, Mass.: Hendrickson Publishers, 1994), 634. (『매튜 헨리 주석』크리스천다이제스트)

4   Brown, Scott T. "Is Age-Integrated Worship a Historical Norm?," posted by the National Center for Family-Integrated Churches (NCFIC), February 26, 2016, https://ncfic.org/blog/posts/is_age_integrated_worship_a_historical_norm(accessed 7/22/16).

5   같은 사이트.

6   같은 사이트.

7   Henry, Matthew. *Matthew Henry's Commentary on the Whole Bible:*

Complete and Unabridged in One Volume(Peabody, Mass.: Hendrickson Publishers, 1994).

8 같은 책.

9 Roberts, Paul, and Bill Moseley. "Father's Time." *Psychology Today*. May 1, 1996. https://www.psychologytoday.com/articles/199605/fathers-time(accessed 10/12/16).

10 Vitelli, Romeo, PhD. "Storming into Adulthood," www.psychologytoday.com/blog/media-spotlight/201309/storming-adulthood (accessed 7/22/16).

11 "교회에 가지 않는 해리"(Unchurched Harry)는 빌 하이벨스 목사가 윌로우크릭 교회의 사역 철학을 설명한 음성 녹음에서 처음으로 소개되었다. 하이벨스와 오랜 시간 함께 사역한 리 스트로벨 목사가 나중에 그 용어가 들어간 제목의 책을 썼다. *Inside the Mind of Unchurched Harry & Mary: How to Reach Friends and Family Who Avoid God and the Church*(Grand Rapids, Mich.: Zondervan, 1993). (『친구의 회심』 두란노서원)

12 Wright, Tim. "Sunday Schooling Our Kids Out of Church," posted August 5, 2014, https://www.patheos.com/blogs/searchingfortomsawyer/2014/08/sunday-schooling-our-kids-out-of-church/ (accessed 7/22/16).

13 같은 사이트.

14 같은 사이트.

15 Piper, John and Noël. "The Family: Together in God's Presence," January 1, 1996, http://www.desiringGod.org/articles/the-family-together-in-gods-presence(accessed 7/22/16). 이 글의 전체 내용은 부록을 참조하라.

16   같은 사이트.

17   Piper, John. "The Children, The Church, and the Chosen," Sunday evening sermon at Bethlehem Baptist Church of Minneapolis, Minnesota on September 22, 1980, http://www.desiringGod.org/messages/the-children-the-church-and-the-chosen(accessed 7/22/16).

18   Piper, John and Noël. "The Family: Together in God's Presence," January 1, 1996, http://www.desiringGod.org/articles/the-family-together-in-gods-presence(accessed 7/22/16).

19   Helopoulos, Jason. "Children in Worship—Let's Bring it Back," posted by Kevin DeYoung, March 6, 2012, https://www.thegospelcoalition.org/blogs/kevin-deyoung/children-in-worship-lets-bring-it-back/(accessed 7/22/16).

20   Piper, John and Noël. "The Family: Together in God's Presence," January 1, 1996, http://www.desiringGod.org/articles/the-family-together-in-gods-presence(accessed 7/22/16).

21   Helopoulos, Jason. "Children in Worship—Let's Bring it Back," posted by Kevin DeYoung, March 6, 2012, https://www.thegospelcoalition.org/blogs/kevin-deyoung/children-in-worship-lets-bring-it-back/(accessed 7/22/16).

22   Burk, Bud. "The Generations in the Worship Service," seminar delivered at a conference in 2013 held by Truth78(then called Children Desiring God). Audio recording at http://ethomasmedia.com/cdg/audio/2013Conference/Burk_Generations.mp3(accessed 7/22/16).

23   Piper, John and Noël. "The Family: Together in God's Presence," published January 1, 1996, https://www.desiringgod.org/articles/

the-family-together-in-gods-presence(accessed 7/22/16).

24 Helopoulos, Jason. "Children in Worship—Mom Tested Tips," posted on March 7, 2012, https://www.thegospelcoalition.org/blogs/kevin-deyoung/children-in-worship-mom-tested-tips/(accessed 7/22/16).

25 베들레헴 침례교회(미네소타주 미니애폴리스 소재)에서는 어린아이들이 9월까지 3세가 되면 영아부를 졸업하게 했다. 9월 이후에 3세가 된 아이들이 유아부로 올라가려면 다음해 9월까지 졸업을 기다려야 했다. 이것은 아이들이 학교와 같은 학년으로 주일학교에서 지내게 하려는 배려였다.

26 Piper, John and Noël. "The Family: Together in God's Presence," January 1, 1996, http://www.desiringGod.org/articles/the-family-together-in-gods-presence(accessed 7/22/16).

27 Wright, Tim. "Sunday Schooling Our Kids Out of Church," posted August 5, 2014, https://www.patheos.com/blogs/searching-fortomsawyer/2014/08/sunday-schooling-our-kids-out-of-church/(accessed 7/22/16).

28 책장 넘기는 소리가 나지 않고 쉽게 넘길 수 있는 작은 책이 큰 책보다 주의를 덜 산만하게 할 수 있다. 책장 넘기는 소리를 내는 책은 분명히 주의를 산만하게 할 것이다.

29 많은 부모들은 자녀들이 "지루해"할 때 염려한다. 그러나 지루함을 느끼는 것은 다른 환경과 상황에 적응하는 것을 배우며 자라는 아이에게 삶의 일부다.

30 Fighter Verses는 개인이나 그룹이 사용할 수 있는 성경 암송 프로그램이다. www.childrendesiringGod.org에서 구입할 수 있다.

31 여기에 제시한 제안들은 복사해서 사용해도 된다.

32 교회 홈페이지에 돌아오는 주일 예배의 진행 과정과 행사 정보를 올
    려 주면, 토요일에 가정에서 다음 날 예배에 대해 함께 이야기를 나
    눌 수 있는 유익을 준다.

Truth78

Truth78은 다음세대를 세우는 비전을 지향하는 사역기관이다. 우리의 비전은 다음세대가 오직 예수 그리스도 한 분에게만 소망을 두고, 하나님을 알고, 존귀하게 여기며, 그분께 영광을 돌리는 것이다. 그래서 다음세대가 하나님의 영광을 위해 신실한 제자들로 살아가는 것이다.

우리의 미션은 하나님의 계획과 뜻을 선포함으로써 지성을 가르치고, 건강한 마음을 기르며, 의지에 영향을 미치는 자료와 훈련으로 교회와 가정을 무장시켜 다음세대를 믿음의 세대로 세우는 것이다.

우리가 개발하는 자료와 훈련에 바탕이 되는 가치는 하나님 중심, 성경 중심, 복음적 시각, 그리스도를 존귀케 함, 성령을 의존함, 건전한 교리에 바탕을 둠, 제자도다.

세대로교육목회훈련원
(Sedaero Educational Ministry Institute)

세대로교육목회훈련원(SEMI)은 한 세대가 다음세대에게 그
리스도를 따르는 바른 믿음을 확실하게 대물림함으로써 하나
님의 나라를 확장하려는 비전을 품은 사역기관이다.

우리의 미션은 영적 흉년 현상이 짙어져 가는 이 시점에서 비
황저곡(備荒貯穀)할 수 있는 성경적이고 효과적인 해법인 교육
목회적 시각을 제시하는 것이다. 또한 세대로교회에서 시도
하고 있는 교회와 가정의 실제적 통합의 사례를 나눔으로써
다음세대에 대해 고민하는 한국 교회에 소망을 주는 것이다.

우리는 아이들과 함께 예배하기로 했다
다음세대를 세우는 세대통합예배

1쇄 인쇄 | 2020년 6월 15일
3쇄 발행 | 2024년 7월 25일

지은이 | 데이비드 마이클·샐리 마이클
옮긴이 | 서은선
펴낸이 | 양승헌
발행처 | 세대로교육목회훈련원
주소 | 서울특별시 송파구 가락로 25, 101호(석촌동)
전화 | 02-414-3100
등록 | 제2017-000055호(2017년 4월 19일)

ISBN 979-11-961258-5-1 03230

이 도서의 국립중앙도서관 출판시도서목록(CIP)은 서지정보유통지원시스템
(www.nl.go.kr/ecip)과 국가자료공동목록시스템(www.nl.go.kr/kolisnet)에서 이
용하실 수 있습니다.(CIP제어번호: CIP2020013683)